Der schuldenfreie Staat.

Nur Tilgung der Schulden berichtigt die Zeit.

Der

schuldenfreie Staat,

oder

landwirthschaftliche

Ansichten und Erfahrungen

in Hinsicht

auf allgemeine Schuldentilgung, sowohl der Landgüter, als der Staaten.

Von

C. H. Nebbien,

Wirthschaftsrath.

Verfasser des Werkes: „die Einrichtungskunst der Landgüter auf fortwährendes Steigen der Bodenrente“ und Herausgeber der „allgemeinen Gutsherrnzeitung.“

Berlin.

Gedruckt und verlegt bei G. Reimer.

1834.

Das, was heut danieder lieget,
Wieder zu erheben,
Ist — was die Zeit erhebt.

Nieder liegt der Tagelöhner;
Wieder ihn zu **heben**,
Ist — was die Schulden tilgt.

Inhaltsübersicht.

Erste Abhandlung.

Das Vorwort.

Erste Abtheilung desselben: Wie sind die heutigen Staatsschulden entstanden?

Zweite Abtheilung des Vorworts: Wie sind die heutigen Staatsschulden zu tilgen?

Zweite Abhandlung.

Erfahrungen über die verbesserte Gründüngung.

Dritte Abhandlung.

Erfahrungen über den verbesserten Futter- und Weidebau.

Anhang.

Erste Abhandlung.

Das Vorwort.

Erste Abhandlung.

Das Vorwort.

Einleitung.

Wenn man, wie es so eben mit mir der Fall ist, nur ein halbes Jahrzehend in den Provinzen und ihren ländlichen Verhältnissen verlebt hat und dann mit einmal in eine Hauptstadt wie Berlin zurückkehrt, so muß jeden aufmerksamen Beobachter die rastlose Verfeinerung der Sitten, die fortgeschrittene Vervollkommnung der Künste und die bewunderungswürdige Verwohlfeilerung und Bequemlichkeit des Lebens in Erstaunen setzen, zu welcher der städtische Gewerbfleiß indessen erblüht ist. — Dies ist nicht blos die Frucht der segensreichen Hand des Friedens, welche die Herrscher Europas ihren Völkern heute so sorgfältig bewahren, sondern auch die der Fürsorge, welche sie dem öffentlichen Unterrichte oder, mit einem Worte, der Schule widmen. Ich meine die Schulen des Geistes, der Künste und der Gewerbe.

Allein alle diese mächtigen Entwickelungen des Geistes und der künstlerischen Fähigkeiten (Talente) sind bei weitem mehr den städtischen Gewerben, d. i. der Fabrikation oder Werkstatt, zugewendet, als der Organisation des Staatsbodens oder dem Landbau. Noch giebt es keine eigentliche Landbauschule. Unsere sogenannten Akademien des Landbaus sind, wie denn das Wort „Akademie" selbst nur eine Krücke ist, zur einen Hälfte den Universitäten nachgebildet, zur andern Hälfte den polytechnischen

Instituten. Sie erscheinen daher auch noch viel mehr der landwirthschaftlichen Fabrikatur und deren Maschinen oder den Werkzeugen der Landwirthschaft, als dem Landbau, ergeben. Uebersieht man die heutige Literatur und Journalistik der Landwirthschaft, so stellt sich nur erst ein allgemeines Bestreben dar, der ersten nothdürftigsten Grundfesten des landwirthschaftlichen Wissens sich zu bemeistern. Hört man von einem berühmten Landwirth sprechen, so heißt es: er hat diese oder jene Maschine und diese oder jene große Fabrik. Man hat daher auch weit mehr Ohr für das, was den Ertrag des Bodens, wie viel auch die Mittel zum Zwecke kosten, steigern kann, als für das, wodurch derselbe Zweck des Ertrages durch immer wohlfeilere Mittel hervorzubringen ist.

So z. B. sagte der verewigte Thaer, auf dessen unsterbliches Wirken wir Alle fortbauen, in seiner Schrift: „Methode meiner landwirthschaftlichen Buchhaltung," in einem Dialoge mit einem Gutsherrn, von dem seligen Geheimerath v. Wolf: „Von dem Mann spreche ich gern, er hat sich in unserer Gegend verewigt. Von ihm stammt zum Theil die höhere Kultur her, die sich im Oberbarnimschen Kreise verbreitet hat. Vom eigentlichen Ackerbau hatte er anfangs nur beschränkte Begriffe, aber er brachte die richtigen Grundsätze der Gewerbkunde aus dem Fabrikwesen mit hinüber in die Landwirthschaft." — Darauf erwiederte ihm jener Herr sehr richtig: „daß dieses doch wohl sehr verschiedene Dinge wären." Thaer aber theoretisirte nun einmal die Landwirthschaft noch zu mechanisch nach dem Wesen der Fabrikatur und erwiederte: „So verschieden nicht in Hinsicht des Betriebes im Ganzen. Bei beiden kommt es hauptsächlich darauf an, daß man zweckmäßige Werkzeuge und Gebäude, gutes Material in Vorrath, arbeitende Kräfte und Kapital und dies Alles in rechtem Verhältniß zu einander habe*);

*) Es ist nur Schade, daß man über alle diese schönen fabrizirenden Dinge nicht noch an die produzirenden hat denken können, auf welche der Landbau doch zunächst beruht; z. B. an eine zweckmäßige Pflanzendüngung, an einen bessern Futter- und Weidebau, an die produzirenden Kräfte der Natur und an das Kunstkapital ihrer kostenmindernden und ertragmehrenden Einrichtungen.

daß man die Arbeit gehörig zu vertheilen, und die wichtigste immer zuerst zu fördern wisse; daß man alle Abgänge benutze; jedes Ding früh genug vorbereite; den Umsatz beschleunige, wo es die Natur der Sache erlaubt; aber auch Geduld und Ausdauer habe, wo dies nicht geht; und vor Allem, daß man das Vermögen und den Willen habe, ein Kapital hineinzustecken, nachdem man sich zuvor überzeugt hat, daß es nutzbar angelegt seyn werde" (Es wird sich aus diesen Blättern ergeben, daß sich die Landwirthschaft die Kapitale zu stetiger Verbesserung aus sich selbst und auf jedem Gute schaffen kann, welches nur noch im nothdürftigen Gange sich befindet.) „Wird die Wirthschaft auf großen Gütern erst mit wahrem Fabrikengeiste betrieben, so wird es mit der Produktion unsers Landes, des ungünstigen Klimas ungeachtet, anders aussehen." (Also immer nur durch Geldkapital, statt durch Kunst der Einrichtung! Und, was sehr zu bemerken bleibt, gegen den wahren Fabrikgeist, denn in diesem ist bekanntlich die „Einrichtung" die Hauptsache. Im Landbau aber ist sie es nicht weniger, weil seine lokalen Einrichtungen gegen das ungünstige Klima und zwar dahin gerichtet werden müssen; es durch Schützung und Mengung des Bodens zu verbessern.) „Wenn diese erste aller Fabriken (— der Landbau eine Fabrik! *) —) zu höherer Vollkommenheit wird gediehen seyn, dann, nicht eher, werden die andern Fabriken sich heben können." (Sie haben sich, seit den 30 Jahren als Thaer dieses schrieb, ohne den Landbau gehoben, allein freilich auf eine krampfhafte, volkverarmende und schuldenhäufende Weise.) „Aber dazu gehört Kapital, welches die alten erblichen Gutsbesitzer selten, noch weniger aber die Güterhändler, bis jetzt daran wenden können und wollen." (Die Fabrikatur hat ihre Kapitale aus sich selbst, d. i. aus der Kunst ihrer kostenmindernden Einrichtungen gewonnen. Das muß ihr die Landwirthschaft, nicht im Wesen der Fabrikatur, sondern im Wesen des Landbaus, d. i. durch arbeitsparende Einrichtung der Felder zu den Höfen und der

*) Fabrikatur ist „Verarbeitung" der rohen Stoffe. Landwirthschaft ist die „Hervorbringung," d. h. die lebendige „Erzeugung" der Thier- und Pflanzenstoffe.

Fruchtwechsel zu der Viehzucht, nachmachen. Nur hat der Landbau darin den Vorzug, daß er seine Bodenkraft, mittelst verbessernder Mengung und Schützung, durch den Lebensgeist der Natur, d. i. durch seine naturgewerbliche (physiologische) Einrichtung, in sich selbst steigern kann; indessen die Maschinenkraft der Fabrikatur so bleiben muß, wie sie einmal eingerichtet ist, daher mit einmal erkauft werden muß, und nur eine Maschine sich durch die andere erwerben läßt.) „Der selige Wolf steckte aber gleich 100,000 Thlr. in die Haselbergschen Güter, die ihm etwa 80,000 Thlr. im Ankauf gekostet haben mogten; ohne dieses hätten sie weder so hoch rentirt, noch ihren jetzigen Werth erreicht." — Die Zeit hat nun aber gelehrt, wie gefährlich es mit dem Hineinstecken großer Kapitalien in die bisherigen, rein mechanischen Einrichtungen der Güter war! Dieses Modeln und Gängeln der Landwirthschaft nach dem mechanischen Wesen der Fabrikatur war aber die Grundansicht Thaer's und seiner Zeit, und es wird noch immer darnach gehandelt.

Daß sich die allgemeinen Grundsätze der Gewerbkunde, sowohl für den Landbau, als für die Fabrikatur, gleich bleiben, versteht sich von selbst. Heute aber handelt es sich darum, sie auf das eigenthümliche Wesen des Landbaus selbst anzuwenden. Zu diesem Ende werden wir also den höhern Reinertrag des Landbaus im Landbaue selbst aufsuchen müssen. — Wieviel wohlfeiler, d. i. ertragreicher für die bisherigen Kosten, mithin „kostenmindernder," arbeitet diese oder jene Einrichtung der Felder, der Höfe, der Fruchtwechsel, der Viehzucht? muß die Frage werden.

Dies ist der Weg, auf welchem die Landwirthschaft, in ihrer Art, mit der heutigen Entwickelung der Fabrikatur in die Schranken treten kann. Jedem Staats- und Landwirth wird es schon von oben herein einleuchten: welche unermeßliche Verbesserung des Nationalerwerbes, mittelst wohlfeilerer Produktion der Landwirthschaft, in der Beantwortung dieser Fragen liegen kann, und daß sie, mit der Entwickelung der Fabrikatur-Industrie zusammenwirkend, von desto größerm Erfolge für den Nationalwohlstand werden müsse.

Allein ich habe es zuviel erfahren, daß für eine solche Einrichtung der Landwirthschaft der Gesichtspunkt noch nicht aufgegangen ist. Denn außer den vortrefflichen Abhandlungen des Herrn Geheimenraths Bethe und des Herrn Garten-Direktors Lenné, nebst noch einigen andern in den ersten Heften des Berliner Gartenbau-Vereins, ist man noch zu sehr in der mechanischen Schule der Fabrikatur befangen. Auch hat man nur immer noch die bloße Bewirthschaftung und — wie gesagt, gegen die Grundsätze der Gewerbskunde — nicht die Einrichtung der Landgüter im Auge. Was kann aber die beste Bewirthschaftung in einer arbeitverschwendenden Einrichtung helfen? Es ist die Diät eines schwindsüchtigen Körpers. Dies zeigen ganz einfach so viele Domänen, da sie oft die Feuerversicherungskosten ihrer Gebäude nicht decken, und die Privat-Gutsbesitzer, da sie so schnell abwirthschaften.

Anders stellen sich die Sachen, wenn man die Grundsätze der Gewerbkunde auch auf die Einrichtungen des Landbaus anwendet. Ich habe diesem Gegenstande eine vieljährige Bemühung und in den verschiedensten Länder- und Güter-Verhältnissen gewidmet. Man wird sich aus diesen Blättern überzeugen: daß, aus dem Stande der Erfahrung und der landbaulichen Wissenschaft abzusehen, und zwar auf die Grundlagen der von mir dargelegten „Einrichtungskunst" der Landgüter *), dieselben für die Bewirthschaftungskosten ihrer heutigen Einrichtungen die Ertragsmehrung ihres Bodens zu erzeugen, folglich einer eben so großen Reinertragsmehrung fähig, und dieselbe unabsehbar fortzusetzen im Stande sind.

Gleich die nächste Abhandlung wird zeigen, daß hiezu die Mittel, ohne größern Kostenaufwand, von einem jeden Landwirth und aus den Gütern selbst von so bedeutender Größe der Reinertragsmehrung seines Bodens zu erlangen sind: daß dieselbe zur unfehlbaren Schuldentilgung der Landgüter und der Staaten gereichen wird.

Dieser Gegenstand, die Schuldentilgung, und insofern die Einrichtung steigender Rente dazu mitwirken kann, führt aber

---

*) Die Einrichtungskunst der Landgüter auf fortwährendes Steigen ihrer Bodenrente. Prag, 1831. Calvesche Buchhandlung.

zu den neuern, sich mit jedem Tage mehr entwickelnden und berichtigenden Ansichten von dem Staate selbst, als durch welche die Schuldentilgung nur möglich werden kann. Ich muß also nothwendiger Weise diejenige Erkenntniß des Staates vorausschicken, nach welcher es mir scheint, daß dieses Einrichtungssystem der Landgüter seinen Zweck erfüllen könne.

Da nun aber diese Uebersicht nur die Staatswirthe und die höhern Landwirthe interessiren kann, so soll sie auch nur blos in diesem Vorwort vorausgestellt seyn. Wem also die Paar Bogen dieses Vorworts nicht gefallen, der überschlage sie; denn hierauf sollen diese Blätter nur den rein landwirthschaftlichen Anleitungen dienen: „wie der Reinertrag des Bodens für die geringsten Kosten bewirkt werden kann."

Erste Abtheilung.

Wie sind die heutigen Staatsschulden entstanden?

§. 1.

Verhältnisse derselben.

England hat bekanntlich das größte Verhältniß seiner Staatsschuld und seines nationalen Gewerbdrucks durch dieselbe erreicht. — Es verhält sich zu dem von Frankreich und Teutschland auf den Kopf der Bevölkerung und auf das geographische Feldmaaß der Länder (= 400 □Ruthen Rheinisch = 1600 □Klafter Oestreichisch) wie folgt *).

---

*) Eine Meile zu 2000 Ruthen Rheinisch, oder 4000 Klaftern Oestreichisch, ist = ... 4,000,000 □Ruthen Rheinisch,
oder . . . . 16,000,000 □Klafter Oestreichisch,
mithin enthaltend, à 400□Ruthen Rheinisch, = ... 10,000 Geogr. Feldmaaß.

Dieses Feldmaaß ist die alte Preußische Landhufe und das Oestreichische Joch, und kommt dem Sächsischen Acker, dem Polnischen Morgen, der Holsteinischen Tonne, und mehreren andern der größern Feldmaaße nahe.

Eben so auch geht das halbe Geogr. Feldmaaß = 200□Ru-

Länder.	Seelenanzahl.	Flächen-Inhalt.	Staatsschuld.			Staatsausgabe.		
			Million.	Auf den Kopf.	Auf das □ M.	Million.	Auf den Kopf.	Auf das □ M.
	Million.	□ Meil.	Thaler Preußisch.					
England . .	22	5860	5400	240	92	370	18	6
Frankreich .	32	10090	1000	30	10	300	10	3
Preußen . .	13	5060	200	15	4	50	4	1
Oestreich . .	32½	12150	333	10	3	90	3	¾

Dieser Zustand ist historisch entstanden und kann daher auch nur historisch erklärt werden, nämlich durch die geschichtliche Entwickelung des Germanischen Staates seit Carl dem Großen herab. — Es fragt sich daher:

§. 2.

Wie mag der Staat, in Hinsicht der Schuldentilgung, erkannt werden?

Meinen Ansichten nach muß er allezeit als **Königthum** gedacht werden. Die alten Völker, z. B. die Juden, dachten sich den einigen ewigen Gott als ihren König; und diejenigen Völker, welche einen König haben, sollten sich ihn niemals anders, als den geheiligten Statthalter Gottes denken; nämlich aus der einfachen Ursache: weil in der **Gotterkenntniß** nur alle Uebel erkannt und abgestellt werden können, und daher auch die heutige allgemeine Verschuldung. — Sonach fragt es sich weiter:

§. 3.

Wie regiert und entwickelt sich der Staat in dieser Hinsicht?

Da zeigt denn die alte Geschichte zur Genüge, daß er sich, in seiner obigen theokratischen Bedeutung, durch **König** und **Stände** des Volks regiert, — daß jedoch man letztere, von Alters her, nur in dem

Priesterstande, Herrenstande,
Bürgerstande, Bauernstande

---

then Rheinisch = 800 □Klafter Oestreichisch zwischen die **kleinern** Feldmaaße Teutschlands mitten inne.

erkannte, und zwar von so wesentlicher Bedeutung, daß sie z. B. von der jüdischen Religion (wie ich erweislich fand), nämlich ihrer innern Bedeutung nach, als die Cherubs, d. i. als die Thronträger des Herrn, gedacht wurden, was sie dem Königthum ja auch sind und schon das Wort „Stände" andeutet.

Heute jedoch versteht man fast nur unter dem Worte „Stände" die Classen des Volks, die dann allerdings weit zahlreicher erscheinen, allein doch nur als die Entwickelungen und Abtheilungen der von Alters her erkannten 4 Stände des Königthums zu nehmen bleiben.

Die Erkenntniß dieser 4 alten Stände des Staats und ihrer Beziehung zum Königthume ist aber von unendlicher Wichtigkeit für sie selbst. Denn die Geschichte zeigt es klar genug, daß, je größer die Entwickelungen der Kultur der Völker wurden, desto leichter auch ihre eigenen Verwickelungen sie in sich selbst zum Untergange führten, so sie nicht bei Zeiten von ihren Regierungen erkannt wurden.

Erfaßt man daher den Gesichtspunkt: daß sich der Staat, fort und fort, nur durch seine alten 4 Stände entwickeln kann, so stellt sich diese Entwickelung seit Carl dem Großen wie folgt dar:

- zuerst die Entwickelung des Priesterstandes und der Kirche;
- sodann die Entwickelung des Herrenstandes und des Heeres, als auf welche seine obrigkeitliche Macht und Besitzthümer verlehnt wurden;
- hierauf die Entwickelung des Bürgerstandes und der Schule, als auf welcher seine wissenschaftliche, commercielle und künstlerische Ausbildung beruhet;
- und, in unsern Zeiten nun, die Entwickelung des Bauernstandes, oder des Landbaustandes überhaupt, woraus die des Bodens hervorgeht.

§. 4.

Welches sind die lebendigen Mittel, wodurch das Königthum die Stände des Staats regiert und entwickelt?

Als der Priesterstand den Kaisern und Königen zu übermächtig und unfruchtbar wurde, da bildeten sie die weltliche

Macht des Herrenstandes zum Gegengewicht aus. — Als diese verdarb, indem sie in Unterdrückung verfiel, hoben die Herrscher den Bürgerstand und dessen Macht, d. i. Wissenschaft, Künste und Gewerbe empor. — Seit nun auch diese zur Einseitigkeit des Nationalerwerbes geworden ist, was die Schuldenmassen und die allgemeine Volksverarmung doch wohl beweisen dürften, begannen sie, den Bauernstand frei zu machen. — Solchergestalt hoben die Herrscher durch die Entwickelung des nächstfolgenden Standes die Verderbnisse des vorhergegangenen auf; und solchergestalt regiert und entwickelt das Königthum den Staat nicht nur durch die Schule, sondern durch Kirche, Heer, Schule, Boden zugleich.

Dies sind gleichsam die Dienstsphären der Stände des Königthums, oder die lebendigen Mittel, durch welche dasselbe den Staat zu immer größerer Vollkommenheit entwickelt.

Da wir nun aber durchaus nicht umhin können, so wenig Mode es seyn mag, den Staat als theokratisch, d. i. durch die Gotterkenntniß, zu denken und zu erklären, so bleibt uns auch nichts anders übrig, als die Regierung und Entwickelung des Germanischen Staates durch das vornehmste göttliche Gebot zu erklären, nämlich durch die Liebe.

§. 5.

Uebersicht von der fortlaufenden Milderung der angeerbten Verderbnisse, durch welche die heutigen Schuldenmassen entstanden sind.

Jeder Blick auf die Geschichte zeigt, daß das Leben, als da ist: die religiöse Duldung, der Krieg, die Justiz, die Polizei, die Armenpflege u. s. w., menschlicher geworden ist. — Dasselbe ist auch mit dem Nationalerwerbe der Fall. Denn derselbe ist und wird fortwährend von der Frohnde zum Solde, vom Zehnten auf die Ablösung zu Gelde, von der Leibeigenschaft auf persönliche Freiheit, vom Dominical- und Zunftzwange zur Gewerbefreiheit, von dem Prohibitivsystem zur Handelsfreiheit, von den ländlichen Servituten des Bodens zur Zusammenlegung, Abrundung und freien Bewirthschaftung der Felder gebracht.

Ehe jedoch der Handel und die Gewerbe, vor Allem aber der Boden, gänzlich frei gegeben seyn werden, wird noch viel

Wasser bergab laufen; und das, was wir nun eben daraus bemerklich zu machen haben, ist: daß alle diese sich allmählig abstellenden Dinge von angeerbten „Verderbnissen" herrühren, welche den 4 Ständen des Staats eigenthümlich, jedem Stand nach seiner Art, ankleben, und welche, zusammengenommen, den gordischen Knoten der heutigen allgemeinen Verschuldung geschürzt haben.

Diese uralten angeerbten Verderbnisse der 4 Stände sind, wie sie selbst, riesenhafter Art. Sie würden auch sehr furchtbar klingen, wäre man sie nicht so gewohnt wie die Luft, und wären sie nicht, wie gesagt, auf dem Wege ihrer stetigen Milderung begriffen; denn sie heißen:

Unfruchtbarkeit, Unterdrückung,
Arbeitsquälerei, Länderverderbniß.

An sich selbst schon dürfte jedes dieser 4 Dinge zur Vermehrung hinreichend befunden werden, wie viel mehr also ihr Zusammenwirken. — Indem wir uns aber etwas näher über sie erklären müssen, mag es zugleich auf die Frage geschehen: als

Zweite Abtheilung.

Wie sind die heutigen Staatsschulden zu tilgen?

§. 6.

Das allgemeine Mittel dahin.

Die Vorsehung hat ein einziges großes allgemeines Mittel dazu gegeben, das wir schon genannt haben, nämlich die Liebe. Auch haben wir schon die stetige Milderung der angeerbten Verderbnisse auf diesem Grunde bemerklich gemacht. Es bleibt uns daher nur noch übrig, das weitere Fortschreiten zu zeigen, und wie die Liebe mehr und mehr, im eigentlichen Sinne genommen, wirthschaftlich zu werden begriffen ist. — Jeder Stand muß hierin unstreitig eine eigenthümliche Macht besitzen, und diese dürfte zu erkennen nöthig werden.

§. 7.

Die schaffende Macht des Priesterstandes dahin.

Ich schweige von dem frühern Zustande der Kirche, da er nichts weniger als auf Liebe und Loyalität beruhte und nunmehr zu jenen Zuständen gehört, die Kaiser Joseph, Angesichts eines Bildes dieser Art, „tempi passati" nannte. Wichtiger erscheint für unsern Zweck das heutige schroffe Gegenüberstehen der Pietisten und der Rationalisten. Jene wollen bekanntlich das buchstäbliche Wort des Glaubens; diese wollen den Glauben durch die Wissenschaft.

Wenn man nun auch jenen zugeben muß: daß der Mensch weder durch seine Werkheiligkeit, noch durch seinen Verstand, sondern allein nur aus der Gnade Gottes, folglich durch den Glauben, seelig zu werden vermag; und diesen: daß der lebendige Glaube eben nur durch die Weisheit gefördert werden könne —: so sind doch beide, der Glaube und die Weisheit, Nichts! sondern, nach den Worten der heil. Schrift selbst, nur ein „tönend Erz," eine „klingende Schelle," so sie der Liebe entbehren.

Diese ist es also, in welcher sich beide Partheien vereinigen müssen, um (was daraus hervorgehen wird) den Staat zur ächten lebendigen „Gotterkenntniß" zu führen. Denn dies ist die schaffende Macht des Priesterstandes hinsichtlich der allgemeinen Schuldentilgung.

§. 8.

Die schaffende Macht des Herrenstandes dahin.

Den Herrenstand betreffend,. als in welchem wir den größern Güterbesitz verstehen, so wollte es die Geschichte seit 5000 Jahren und in allen Ländern, daß er sich auf Leibeigenschaft und Fröhnerei begründete. — Er hat diese Grundlage verloren. Der Bauer ist und wird emancipirt, d. h. politisch frei, und mit ihm — die Liebe.

Denn als größerer Güterbesitzer kann es nun für den Herrenstand keinen größeren Vortheil mehr geben, wie den „Volkswohlstand," weil sich auf diesem nur der Absatz der Bodenprodukte, und ihre Verwandlung zu Fabrikaten, begründen kann.

Man denke sich die große Menge der Armen, der Darbenbenden und derer, die sich einschränken, um nicht ebenfalls hinab zu sinken. Es sind 9/10 der Bevölkerung. — Welchen raschern innern, stetig unterhaltenen Absatz der Bodenprodukte und der Fabrikate würde nicht die Verbesserung in dem Erwerbe dieser untern Volksmassen Europas hervorbringen? — Und wie wäre dieses wirksamer zu erfüllen möglich, als durch Mittel, welche den guten Unterhalt des Tagelöhners zum Vortheil seiner Brodherren erhöhen? —

Nichts kann daher natürlicher seyn und in seinem eigenen Vortheil begründeter, als daß der Herrenstand zu seiner alten, großartigen, obrigkeitlichen Bedeutung wiederkehre, nämlich: zur Fürsorge für den Volkswohlstand. — Dies lag in dem alten Sinn und Wesen der Dominien, und es ist heute noch dieselbe Aufgabe da, nur die Lösung ist eine andere.

An die Stelle des Bauern wird heute der Tagelöhner gedrückt. Man sehe nach England. Dort drückt der Herr den Pächter, der Pächter den Tagelöhner, und dieser drückt wieder durch die Armensteuern auf den Herrn zurück. Man zahlt dort bereits, z. B. in der Grafschaft Norfolk, soviel Pfund Sterl. Armentaxen, als das Land Bewohner hat. Diese aber werden, sehr natürlich, durch die Pächter und durch die Gewerbleute überhaupt, auf den Herrenstand zurückgewälzt. So geschiehts, dort wie überall, daß die verkäuflichen Güter und das Vermögen der Besitzer der Erbgüter täglich mehr in die Hände der Industriellen gelangen. Dagegen wird zwar geeifert, jedoch der leidige Gang der Dinge nicht abgeändert; denn der Herrenstand ist für seinen und den Nationalerwerb heute Null geworden.

Gleichwohl ist ihm doch, seit Anbeginn, das Heer und die Kultur anvertraut. — Heldenmuth und Gerechtigkeit sollen seine Elemente seyn. Er soll das Vaterland schützen und die Kultur desselben entfalten — und warum? Offenbar, um seinen Wohlstand durch den Volkswohlstand zu erhöhen! — Vor alten Zeiten that er dieses durch Erbzinsstiftungen und dergleichen andere Begünstigungen seiner Leute. Heute ist seine Aufgabe nur durch den Ausführungsantheil an der Einrichtung steigender Bodenrente, bis zu den Tagelöhnern herab, zu lösen; und zwar für immer bewilligt und durch doppelte Buchhaltung ausgewiesen. — Aber welche Schwierigkeiten, welche Vorurtheile, stehen dem nicht noch entgegen! — Gleichwohl ist es das Hauptmittel seiner Wohlstandserhaltung, seines mächtigsten und fruchtbarsten Wiedererstehens; denn es ist der Weg, zu seiner verlornen großartigen Bedeutung für die Kultur seines vaterländischen Bodens und Volkes zurückzukehren. Es ist seine Macht — hinsichtlich der allgemeinen Schuldentilgung.

§. 9.

Die schaffende Macht des Bürgerstandes dahin.

Den Bürgerstand betreffend, so ist durch dessen Entwikkelung der „Sold" das allgemeine Abfindungsmittel geworden. Der Sold war von jeher die Löhnung der Freien.

Doch betrachten wir die Natur des Soldes etwas näher, so scheidet er den Herrn von dem Diener und Arbeiter weit mehr von einander ab, als er sie zu gegenseitigem Vortheil verbindet. Man sieht sich heute wie Zahlmaschinen und wie Arbeitsmaschinen gegenseitig an.

Ein Princip der „Wechselhäbigung," d. i. des gegenseitigen Wohlhabendmachens, liegt durchaus nicht im Geiste des Soldes. Man verdirbt daher von oben und verarmt von unten.

Das Angebot der Arbeit wird durch die wachsende Bevölkerung immer größer, und durch den Sold läßt es die Reichen immer drückender werden. Man bestimmt daher auch heute, merkwürdig genug, den Werth einer Sache nach der auf sie verwandten Arbeit, da doch weder Geld, noch Arbeit, noch Material, sondern nur der Geist das Schaffende in dem Erwerbe ist. — Es erscheint sonach am Tage, daß es vornehmlich der Sold und die von ihm geschaffene geistlose Arbeitsquälerei ist, wodurch die Zunahme der Volksverarmung und die Untilgbarkeit der Staatsschulden fortbesteht, und wodurch also auch überhaupt die Schuldenmassen der Staaten — in Verbindung mit den vorerwähnten Fehlern der andern Stände — vorzüglich durch die Entwickelung des Bürgerstandes entstanden sind.

Denn übersieht man in dieser Hinsicht die in- und außereuropäischen Staaten, wo der Bürgerstand noch nicht entwickelt ist, so haben sie entweder noch gar keine Schulden, oder doch um so weniger, als ihre bürgerliche Industrie noch nicht so groß wie bei uns geworden ist. — Mögen daher die hohen Staatsverwaltungen Europas, wie es scheint, zu der vollkommensten Handelsfreiheit sich vereinen, und dieselbe durch alle mögliche Verkehrerleichterungen unterstützen wollen; es wird der Geist des Soldes den Druck der Reichen auf die arbeitenden Classen nur noch größer und daher die Staatsschulden nur noch untilgbarer machen — insofern sie durch den Nationalwohlstand getilgt werden sollen.

Gilt sonach die Frage: was von Seiten der Entwickelung des Bürgerstandes nun ferner zu thun sey? so dürfte die Antwort sehr einfach seyn; nämlich: den bürgerlichen Erwerb auf seinen eigentlichen Grund zurückzuführen, d. i. auf den Geist der Veredelung. Und frägt es sich: worin dieser Geist bestehe? so giebt es für unsern Weg und Zweck keine andere Antwort, als: „in der Erkenntniß und Anwendung der in dem Staate lebenden göttlichen Ideen,“ folglich in dem Geiste der Sittigung, oder Civilisation, oder Sittenbildung, als worin das Wesen und Wirken des Bürgerstandes von jeher ausgesprochen ward.

Dem Bürgerstande ist ganz offenbar die Sittigung anvertraut. Er leistet dieses durch Wissenschaft, Künste und Gewerbe, durch Bild und Bildung in der Waare, und die „Veredelung“ ist seine schaffende Kraft. Allein die Künste halten uns ihre alten Bilder nur noch als ein leeres Formengetändel vor. Gleichwohl aber nehmen doch bereits die ersten Natur- und Alterthumsforscher einen höchst edlen, rein christlichen Ursprung des Menschengeschlechts an, von welchem es herabsank, und dem es sich, seit der Geburt des Erlösers, wieder nähert. — Aus diesen ersten Zeiten der reinsten Unschuld eines edelsten, heitern, paradiesischen Lebens, habe der erste Mensch, indem er sein Geschlecht stufenweise verderben sah, das Ur-Christenthum, als Urstaatslehre, in den Sternbildern an den Himmel geschrieben; und es wären eben gerade die Abgöttereien in den spätern Zeiten, welche diese ursprünglich reine und harmlose Bilderlehre erlitten hat, dafür zeugend: daß in ihnen die Erkenntnisse der in dem Staate lebenden göttlichen Ideen des christlichen Königthumes enthalten seyen. Dasselbe sey mit den Baustylen und mit den Ornamenten, so wie mit der Heraldik der Fall. —

Da wir uns nun heute eines geläuterten Christenthumes erfreuen, dessen ewige Macht von keinem Gifte des Heidenthumes, des Zweifels und der Ignoranz mehr zu zerstören ist, indem der Glaube und das Christenthum durch den heutigen Stand der Wissenschaft mehr und mehr gebaut und befestiget wird, so fragt es sich: ob nicht durch die Erklärung der alten Bild- und Bauwerke im Sinne der Urstaatslehre — unter welcher ich die Anwendung des reinen evangelischen Christenthumes auf den Staat verstehe *) — ein so großer, unendlich schöner und heitrer und zugleich belehrender und reinigender Sittigungswerth in den Waaren des bürgerlichen Kunstfleißes zu begründen seyn mögte, daß sie hierdurch einen weit größern Kaufwerth, mithin einen größern Erwerb abwerfen würden, als bisher, wo sie fast nur einen bloßen technischen oder Arbeitswerth in sich enthalten.

Dieser Geist der Veredelung, auf einem solchen Grunde, würde die lebendige Erhebung und Verherrlichung alles Großen, Schönen und Nützlichen, vor Allem aber die richtige Erkenntniß der Beziehungen der Stände zu einander und zum Königthume erzeugen. Er würde ebendaher zu einer Quelle unendlicher und fruchtbarer Erfindungen und Entwickelungen der schönsten und reinsten Lebensbeziehungen werden und seine Bilder dem Leben, lehrreich und veredelnd zugleich, ihrem reinen ursprünglichen Zwecke gemäß, vorhalten, indessen noch die heutigen Bau- und Bildwerke in dieser Hinsicht, so schön sie sonst seyn mögen, durchaus nichtssagend sind.

Das aber, worauf ich hiemit blos allein hinausgehe, ist: daß ein gewinnreicherer und für das Leben fruchtbarerer Veredelungswerth in den Waaren auch das jetzige Loos der Fabrikarbeiter erleichtern würde, weil nun Fabrikant und Künstler weit mehr und weit leichter durch den Geist und die Idee in

*) Auch meine ich davon einen guten Grundriß in der Allgem. Gutsherrnzeitung (3tes Heft Nro. XXV.) schon dargelegt zu haben.

der Waare, als durch die Technik ihrer Formen und Farben und durch die Aussaugung ihrer Arbeiterfamilien, gewinnen, mithin auch die letzteren besser bezahlen würden.

So scheint es nur der Geist der Veredelung werden zu können, wodurch die aus dem Geiste des Soldes entstandenen Gebrechen aufzuheben sind. Es dürfte dazu ein Kunstsystem der Art nöthig werden, daß darin die alten Bild- und Bauwerke sich nach den ursprünglich reinen Ideen aufschließen, welche in dem Staate leben. Denn immer ist es nur die Civilisation, Sittigung, oder vielmehr Sittenbildung, welche hiedurch aufgeschlossen würde, wodurch dann allerdings die Mode kein so fades hohles Ding mehr bleiben, und worin die schaffende Macht des Bürgerstandes hinsichtlich der allgemeinen Schuldentilgung liegen würde.

§. 10.

Die schaffende Macht des Landbaustandes dahin.

Den Bauernstand, oder den Landbaustand, im Allgemeinen betreffend, so hat derselbe durch den Druck und die tiefe Unwissenheit, in welchen er über die ganze Erde hin versunken ist, dieselbe weit mehr verwüstet, als verbessert.

Eine allgemeine klimatische und kulturistische „Länderverderbniß" herrscht um den ganzen Erdball, die, je bevölkerter er wird, desto mehr zunimmt und tiefer auf Erwerb und Leben eingreift, weil die Fehler, welche auf der einen Hemisphäre gemacht werden, sich auf der andern mittheilen.

Der Mensch war gesunken. Die Erde ward sein getreues Abbild. Aus der Unfreiheit der Kultur des Bodens gestaltete sich die Länderverderbniß. Die Gräuel und die Heldenthaten in der Geschichte, so wie die Thorheiten und die Tugenden des Menschen, sind auf der Erde verzeichnet und — wirken fort bis ins tausendste Glied.

Grundzüge der allgemeinen Länderverderbniß.

1.

Da liegen sie, die schrecklichen Wüsten Afrikas und Asiens, giftige Glutwinde hauchend, welche an die Stelle ihrer Nordluft schnaubenden Bewohner getreten sind, und von reißenden Thieren bewohnt, welche an der Stelle der Tyrannen dieser ehemals schönen und bevölkerten Länder hausen. — Da starren die nackten Klippen der Hochgebirge, ihrer schützenden Wälder beraubt; ungehemmt stürmen die Fruchtbarkeit und Gesundheit zerstörenden Eiswinde der Gletscher den Glutwinden der Wüsten entgegen, rauhe, plötzliche Witterungswechsel über die Länder und Welttheile sendend, deren Klima sie im bewaldeten Zustande mildern und deren Ströme sie gleichmäßiger unterhalten würden. — Da dehnen sich die gänzlich entblößten, oft Tagereisen weiten Ebenen der Europäischen Kultur aus, vorzüglich in Teutschland, ungeschützt und unbebaut, sonach aber heftigen Verdampfungen unterworfen, woraus Hagelschlag, rasende Stürme, unmäßige Hitze und Kälte, verderbliche Fröste, Wolkenbrüche, ersäufende Fluthen, leere Flußbetten, eisige wochenlange Abkühlungen nach einigen glühenden Tagen, immer kürzere Vegetation u. s. w. hervorgehen. — Sind das nicht offenbare Lähmungen der Naturkraft oder des Klimas und die Ursachen der zunehmenden Unfruchtbarkeit?

2.

Und wie tief ist nicht der Mensch selbst durch seine Leidenschaften gesunken, z. B. von der weißen, edeln, sogenannten göttlichen Ur-Rasse, wie ich mit Blumenbach annehme, zu den Mohren und Cannibalen jener Wüsten, oder bis zu unserm, aus schlechter Nahrung und Wohnung zur Verdummung und zu Trunkenheit und Verbrechen hinabsinkendem Landvolk; — ferner die Kenntniß seiner Gütereinrichtung, indem er von der wohlfeilsten und natürlichsten Haltung der Leute mit Land und Gärten dicht um ihre Hütten auf sklavisch zusammengedrängte Dörfer, oft ohne Zaun und Baum, mit arbeitverschwendenden Dreifelderwüsten, zerstreuten und entlegenen Feldern und meilenweiten, ringsum aus Holznoth bestohlenen Forsten, herabgekommen ist; — ferner die Erkenntniß der Wirthschaft, indem sie von dem futter- und viehstandsreichen, durch Holz und Obst eingehegten und betriebswohlfeilen Wechsel von Acker und Wiese zu der stumpfsinnigsten Bodenaussaugung, zum knechtischen Futtermangel, zu Jammerweiden mit von den Heerden gedüngten Wegen und Wüsten, von wo das Vieh, in Staub gehüllt und abgemattet, Krankheiten und Seuchen nach Hause bringt, oder zu der unnatürlichen und unwirthschaftlichen Stallfütterung, zu der sogenannten „reinen" und daher „kostspieligsten" — keinesweges durch die Grundsätze der Gewerbkunde und der landwirthschaftlichen Reinertragsmehrung, sondern nur durch die Nachfrage der bevölkerten Gegenden, also nur mechanisch erzeugten — Fruchtwechsel-Wirthschaft — zu der pflanzendüngungslosen, Mäusefraß und Ungeziefer erzeugenden Vergötzung des Mistes — zu gelagertem Waizen bei der schlechtesten Sommerung u. s. w. herabgekommen ist. — Sind dieses nicht offenbare Lähmungen der Kultur und die Ursachen der zunehmenden Renteloſigkeit? —

3.

Alle diese Züge der Länderverderbniß, und es sind deren weit mehrere, rücken noch täglich mit der größern Bevölkerung der andern Welttheile vor, oder bleiben trotz der bessern Erkenntniß — eben wie die aus der Entwickelung des Bürgerstandes entstandenen Schuldenmassen — unbeweglich. Viele Landwirthe, und besonders die Schriftsteller, geschweige die Compilatoren und Nachbeter, schmeicheln sich zwar, daß die Landwirthschaft mit Riesenschritten vorwärts eile; allein es ist eitel Täuschung! Man macht sich blos viel Kosten, viel Arbeit, noch mehr Hoffnung, und hält es für Fortschritt.

Schwierigkeiten gegen das System steigender Rente des Landbaus.

4.

Es hatte sich mir aufgedrungen, daß man dem Gange der allgemeinen Länderverderbniß ein in der klimatischen und kulturistischen Verbesserung der Länder begründetes System „steigender Rente" entgegenstellen müsse und daß dasselbe die schaffende Macht des Landbaustandes hinsichtlich der allgemeinen Schuldentilgung werden könne, eben wie der Geist der „Veredelung," mittelst eines Kunstsystems, durch den Bürgerstand.

Ich habe dieses Einrichtungssystem des Landbaus in dem angezeigten Werke dargelegt. Auch habe ich mich vielfach bemüht, solches sowohl vor als nach der Herausgabe dieses Werks durch örtliche Uebergangspläne ins Leben zu bringen. Meine Gutsherrnzeitung sollte dies durch lokale Versuche mit meiner verbesserten Gründüngung und durch anderweitige Beobachtungen dazu geneigter Landwirthe befördern; allein sie kann bis jetzt nicht in den Buchhandel gelangen, weil — sie die Gewohnheit ein wenig zu sehr wider sich hat und daher eben so viel gedrückt als gedruckt wird.

Eine Uebersicht aller meiner praktischen Arbeiten vom Jahre 1808 bis heute für die lokalen Einrichtungen steigender Rente findet man zu Ende dieser Schrift. Von allen diesen zahlreichen und vieljährigen Bemühungen hat sich nun aber gefunden, daß dieses System auch nicht an einem einzigen Orte vollkommen ausgeführt werden kann, und zwar aus folgenden ganz einfachen Ursachen.

Erstens: Weil es auf einer Maaßregel beruht, zu welcher die Privat-Gutsbesitzer noch wenig oder gar nicht geneigt sind, nämlich auf der Bewilligung und unverbrüchlichen Verabfolgung des richtig bestimmten Ausführungsantheils der jährlichen Reinertragsmehrung des Gutes an alle ihre Wirthschaftsbeamten, Dienstleute und Tagelöhner.

Zweitens: Weil ihnen auch noch die Uebergänge zu dieser Gütereinrichtung, aus dem Mangel darin eingelernter Leute, zu schwer fallen.

Nur erst einzelne Theile dieses Einrichtungssystems hat man eingeführt; an dem einen Orte diese, an dem andern Orte jene, so wie sie gerade den lokalen Umständen eben am dringendsten entsprachen. Hier die Gründüngungsgemenge mit dem wilden Pflanzengesäme der Lokalität, dort den Gräserbau, oder den Luzernbau, oder die Esparsette, oder den Mengfutterbau dieser Gräser und Kräuter überhaupt, oder die Wechseltriften, oder die Vielfeldrigkeit, oder die Doppelfelder-Einrichtung, d. i. der Haupt- und Beifelder, oder die Tagelöhnergärten, oder den Abbau auf entlegenen Feldern, oder die Hordenweide in versetzbaren Zäunen, so wie die Hordenschläge dieser Art, oder die Aufmengung der Weiden, oder die theilweise Schützung der Felder durch Holz und Obst. Denn das Ganze ging nicht weiter, als die Wirthschafter dazu gefähigt und die örtlichen Umstände eben dafür sehr dringlich waren, oder es scheiterte an der Abneigung der Besitzer gegen den Ausführungsantheil. — Goldene Berge verspricht man sich, mit richtigen Ansichten von der Sache und ihrem Bedürfniß empfängt man mich und findet sich — obberührter beiden Ursachen wegen — zu der Verwirklichung unfähig, was denn nur Gehässigkeiten zur Folge hat, über die ich schweige, weil sie sich selbst richten. Man zürnt über Mann und Sache, statt über sich selbst und — den Mangel an Landbauschulen! —

5.

Solchergestalt können es also wirklich nur einzelne theilweise Vervollkommnungen bleiben, die man von diesem System anzunehmen vermag. Für diese aber kann ich durch schriftliche Anleitungen, wie sie diese Blätter enthalten sollen, dem Landwirth weit nützlicher und ihm und mir zeit- und kostensparender wirken, als durch Einrichtungspläne seiner Güter, da solche nun einmal — ohne den streng gehaltenen Ausführungsantheil und ohne eingelernte oder durch den Ausführungsantheil einzulernende Beamten und Leute — schlechterdings nicht ausführbar sind.

Ein solches erstes Einlernen durch den Ausführungsantheil kann offenbar nur durch Provinzial-Landbauschulen geschehen, da die Landwirthe hiezu weder Zeit noch Neigung haben können, und man dürfte sich davon noch mehr überzeugen durch die

Darstellung der Hauptgrundlagen und der in ihnen lebenden Ideen oder Kräfte, wodurch die stetig steigende Rente der Landgüter nur zu bewirken ist.

6.

Denn sobald man die Einrichtungskunst der gesichertsten Stetigkeit der Rentemehrung erkennen will, muß man auch die Mittel dazu erkennen wollen. Und da wir in dem Einrichtungssystem der Landgüter steigender Rente die Macht des Landbaustandes hinsichtlich der allgemeinen Schuldentilgung legen, so müssen wir auch die unzweifelhaftesten Beweise dafür bemerklich machen.

Diese Beweise können hier aber nur für die Hauptgrundlagen dieses Einrichtungssystems geführt werden. Denn die Größe und Schnelligkeit der Reinertragsmehrung aus Privatgütern und Domänen für die Abstoßung der Schulden gehört den hierauf folgenden Abhandlungen an. Auch ist zu bemerken, daß die Stetigkeit der Rentemehrung nicht durch das „mechanische" Wesen dieser Hauptgrundlagen, sondern nur gleichsam, wenn ich so sagen darf, durch ihre „Seele," d. h. durch die in ihnen für den Zweck der stetigen Reinertragsmehrung lebenden Ideen oder den „Gedanken" ihres Wesens, möglich wird, weil, wie gesagt, nur der Geist der Dinge die stetig steigenden Kräfte derselben bildet.

Um daher den systematischen Haupt-Ueberblick unserer Beweise zu erleichtern, diene der Holzschnitt auf Tafel I. — Man ersieht aus diesem Bilde, daß unser Gegenstand aus den beiden großen Gewerbkräften, der kostenmindernden Einrichtung und der ertragmehrenden Bodenkraft, besteht. Wir theilen ihn also auch hier so ab und weisen die weitere Erklärung in der Einrichtungskunst nach

A Kostenmindernde Einrichtung.

Die erste Kraft ist die von mir so genannte arbeitende Einrichtung der Landgüter. — Das Bild auf Tafel I. zeigt, worin sie besteht, nämlich in der Kostenminderung durch Lokalität und Wirthschaft.

Sodann zeigt das Bild, daß die Kostenminderung der Lokalität durch arbeitsparende Einrichtung der Felder zu den Höfen geschehen soll, die der Wirthschaft aber durch arbeitsparende Einrichtung des Pflanzenbaus, d. i. der Fruchtwechsel, zu den Heerden oder der Viehzucht.

So fragt es sich nun also, worin denn die organische Stetigkeit dieser Grundlagen der Gütereinrichtung bestehe, so daß sie einer ewig fortlaufenden Kostenminderung ihrer Bewirthschaftung fähig werden? —

a. Lokalität.

Felder. Es ist wohl sehr begreiflich, daß den arbeitsparendsten Einrichtungen, welcher Art sie übrigens auch seyn mögen, die Kreisfläche zum Grunde liegt, so daß die Felder rund um ihre Höfe liegen und die Arbeiten nach allen Seiten hin gleich weit sind. Abgesehen aber davon, daß die Felder noch nichts weniger als rings um ihre Höfe, sondern vielmehr in den unwirthschaftlichsten Verschobenheiten sich befinden, so liegt doch in der Kreisfläche noch nicht die Stetigkeit der kostenmindernden Einwirkung der Felder, sondern diese liegt in dem Abbauen der Höfe auf immer kleinerer Kreisfläche. Denn die größere Nähe zum Hofe macht die ganze übrige auf Kostenminderung gestellte Wirthschaftseinrichtung um soviel wohlfeiler, als die Kreisfläche um die Höfe kleiner wird. Ein Hof von 1000 Morgen Feld, welches z. B. das Zentnergewicht Pflanzenmasse im Durchschnitt zu 10 Sgr. produzirt, wird es nun für 5 Sgr. produziren können, wenn der Hof auf 500 Morgen Kreisfläche abgebaut werden kann, und auf 100 Morgen zu 1 Sgr., wenn sich nämlich auch alle übrigen arbeitsparenden Feldereinrichtungen mit der kleinern Fläche zertheilen, worauf die erste Einrichtung schon Bedacht genommen haben muß. (Einrichtungskunst d. L. §. 251 bis 300.)

Höfe. Unstreitig können in der Lage und Einrichtung der Wirthschaftshöfe und Gebäude, mit ihren Futter- und Schoberhöfen, Baum- und Saamenschulen, Leuthöfen und Gärten, Herrschaftshöfen und Gärten, sehr große arbeitsparende Vortheile vereinigt werden; doch, mögen diese noch so kunstreich seyn, so liegt doch in ihnen noch nicht die Stetigkeit ihrer kostenmindernden Einwirkung. Und mag auch selbst das Princip der Wechselhäbigung zwischen Herr und Diener, d. i. der Ausführungsantheil, jene mechanischen Vortheile in der arbeitsparenden Einrichtung der Höfe vergrößern, so liegt doch eigentlich nur die Stetigkeit derselben in der Häuslichkeitsverbesserung der Wirthschaftsbeamten und Leute, nämlich insofern, als sie auf behagliche, ihre Kunst und Geschicklichkeit für die Lokalität und ihre Treue und Anhänglichkeit für den

Herrn vermehrende Einrichtung begründet wird. (Einrichtungskunst §. 301—350.)

Soviel als vorwortliche Andeutung für die stetige Kostenminderung durch die Lokalität der Landgüter. — Es dürfte daraus schon einleuchten, daß aus solcher Haltung der Leute, gestützt auf den durch doppelte Buchhaltung gesicherten Ausführungsantheil, und mit dem Abbauen auf immer kleinere Kreisflächen zu gleicher Zeit die stetige Kostenminderung und die allergrößte Sicherheit und Leichtigkeit in der Direktion des in immer kleinere Abbauten zertheilten Bodens hervorgehen kann.

Heute aber fehlt dieser Geist des Ausführungsantheils, und daher ist es sehr erklärlich, daß man nur die unwirthschaftliche Bewirthschaftung weit ausgedehnter Felder und der Nebenvorwerke aus dem Haupthofe für wirthschaftlich hält.

b. Wirthschaft.

Fruchtwechsel. Es ist bekannt, daß die Fruchtwechsel um so wohlfeiler und kostenmindernder werden, je mehr Futter- und Weidebau, wozu man auch die Gründüngung und die Schützung des Bodens durch Holz und Obst rechnen kann, ihnen eingelegt wird, oder, mit einem Wort, je größer ihr Grünkrautverhältniß ist. Denn hiervon ist die Ursache die, daß das grüne Kraut weit mehr Nahrung aus der Luft als aus dem Boden zieht, wogegen bei den reif werdenden Feldfrüchten mehr der entgegengesetzte Fall eintritt. Hieraus aber erhellt, daß nicht sowohl in dem Grünkrautverhältniß der Fruchtwechsel die Stetigkeit ihrer kostenmindernden Einrichtung liegt, sondern in der ertragreicheren Art und Weise, in welcher man den Futter- und Weidebau, die Gründüngung und die Schützung des Bodens anwendet und ausbildet, folglich in dem Luftnahrungsverhältniß, welches sie den Fruchtwechseln gewähren; denn in der ertragreicheren Ausbildung der Luftnahrung sind der Futter- und Weidebau und die Gründüngung, sammt der Schützung des Bodens, mit allen übrigen Grundlagen in Verbindung und sowohl durch diese, als an sich selbst, einer unendlichen Verbesserung fähig. (Einrichtungskunst d. L. §. 391—400.)

Viehzucht. Mechanischerweise liegt die arbeitsparende, d. i. kostenmindernde Einrichtung der Viehzucht zu den Fruchtwechseln allerdings in der Art und Weise, wie man die verbesserte Weide und die Hordenschläge führt, oder in der Wechselwirkung des Thieres zu Pflanze, Boden und Luft. Allein die Stetigkeit dieser Kostenminderung liegt in dem thierischen Wechselathmen zu Boden und Pflanze, d. h. darin, daß die kohlenstoffreichen Ausdünstungen der Thiere von dem Boden, und die sauerstoffreichen Ausdünstungen der Pflanzen von den Thieren eingesogen werden. Und dieses thierische Wechselathmen ist einer unendlichen Verstärkung fähig, weil der Boden dafür immer anziehender gemacht werden kann, je tiefer er durch die Gründüngung und Dreeschdüngung gelockert und je mehr er durch erdige Aufmengung und die übrigen Urbarungen bereichert und durch die Schützung des Bodens angemessen eingerichtet wird; so wie auch die Gesundheit der Thiere, indem sie mit den eingeschützten immer fruchtbareren Weiden und Feldfrüchten in immer größere Wechselwirkung treten, stetig zunimmt. (Einrichtungskunst §. 401—501.)

Es ergiebt sich also hieraus, wie durch diese arbeitsparenden oder vielmehr „arbeitenden" Einrichtungen der Fruchtwechsel zur Viehzucht eine stetige Kostenminderung nur durch das Luftnahrungsverhältniß der Wirthschaft möglich wird, und wie Lokalität und Wirthschaft in der Art zusammen wirken, daß sie auf solche lebendige Kräfte begründet sind, die sich in sich selbst, d. i. zu einer stetig fortlaufenden Verwohlfeilerung der Produktion zu steigern vermögen.

B. Ertragmehrende Bodenkraft.

Die andere Kraft ist die von mir so genannte „steigende Bodenkraft" der Landgüter. — Das Bild Tafel I. zeigt, daß sie in der Ertragmehrung der Mengung und der Schützung des Bodens besteht.

Die Ertragmehrung der Mengung erfolgt durch die Bodenkraft steigernden Futterbau und Urbarungen, die der Schützung durch die Bodenkraft steigernde Holzmassen, als Landschutz, und Heckenringe, als Feldschutz.

Ich habe daher zu zeigen, wie die organische Stetigkeit dieser Gegenstände in der Gütereinrichtung besteht, so daß sie einer ewig fortlaufenden Ertragmehrung des Bodens der Landgüter fähig werden.

a. Mengung des Bodens.

Futterbau. Gewöhnlicherweise denkt man sich den Futterbau nur für den mechanischen Zweck des Düngerbedarfs. Es ist daher das richtige Futterverhältniß der Hausthiere allerdings eine ertragmehrende Kraft, weil es die Düngung des Bodens vermehrt. Allein die vollkommnere und immer edlere Ernährung der Thiere beruht im Ganzen auf Vielstoffigkeit und daher auf immer edleren Pflanzengemengen. Diese können nur durch Wechselwiesen und Wechselweiden geschaffen werden, und — was noch nicht beachtet wird — durch vielartige Gründüngungsgemenge zu den Feldfrüchten, indem eine vielstoffige Ernährung der Thiere nur durch vielstoffig gedüngte Pflanzen möglich wird, und dieses nur durch die vielartige Dreeschdüngung der Wechselwiesen und Wechselweiden und der Gründüngungsgemenge geschehen kann. — Hieraus aber erhellt, daß die Stetigkeit der Ertragmehrung des Bodens durch den Futterbau nur mittelst vielstoffiger Thier- und Pflanzendüngung möglich wird und daß für deren immer vollkommnere Ausbildung durchaus kein Ende abzusehen ist. (Einrichtungskunst d. Landg. §. 501 — 600.)

Urbarungen. Begreifen wir unter diesem Wort alle Arten von Bodenverbesserungen, z. B. die Rodungen von Gestein und Holz, die Lüftungen der Unterlagen durch verschiedene Mittel, die Entwässerungen und die Bewässerungen, die verbessernden erdigen Aufmengungen u. s. w. — so laufen sie allesammt zu einem gewissen immer vollkommneren Mengziele der Bodenarten hin; nämlich zu einem solchen Erdgemenge, welches die freiesten Verbindungen und Wahlanziehungen aller seiner Theile, mithin die größte Ertragmehrung für die geringste Düngung übt. — Allein die Stetigkeit der Ertragmehrung dieses Mengzieles und des Weges der Aufmengungen dahin beruhet darin, daß es als ein thierveredelndes Erdgemenge durch den Futterbau und die Feldfrüchte gebildet und behandelt werde, was nur durch einen immer vollkommner geschwängerten größern Kalkgehalt geschehen kann, und daher eben so gut als seine vorbemeldete vielstoffige Düngung durch Thiere und Pflanzen von unabsehbarer Ausbildung der Ertragmehrung ist. (Einrichtungskunst d. Landg. §. 601—800.)

Es ersieht sich hieraus also, daß sowohl die Urbarungen als der Futterbau eine in sich selbst steigernde Kraft besitzen, welche sich in der immer mehr zu bewirkenden Anziehungskraft des Bodens begründet, mithin die Mengung des Bodens um so mehr durch das richtige Ineinandergreifen dieser beiden obigen Hauptgrundlagen zur stetigen Ertragmehrung geführt werden kann.

b. Schützung des Bodens.

Holzmassen. Es ist wohl sehr natürlich, daß gut gestellte Wälder verschiedener Größe das Klima immer milder machen, d. h. die Kälte und Winde abhalten und die Hitze und Dürre mäßigen müssen, und daß sie daher sowohl die Ertragmehrung des landbaulichen Bodens größer, als auch die Holzproduktion selbst immer vollkommner gestalten. Sie wirken in dieser Art sonach als Landschutz ein. Allein die Stetigkeit ihrer ertragmehrenden Einwirkung erlangen sie erst durch die richtige Vertheilung ihrer Massen, nämlich durch die Erzeugung feuchter Wärme derselben mittelst der Verdunstung dieser Holzmassen, indem sie hiedurch die Luftschicht des Bodens mit der verbessernden Mengung desselben in immer vortheilhafterer Wechselwirkung unterhalten.

Heckenringe. Sie haben den Zweck, die obige Einwirkung der Wälder auf den Boden zu ergänzen und die bei Tage eingefangene Wärme über Nacht oder bei abwechselnden Witterungen auf ihm festzuhalten, indem sie durch größere oder kleinere, höhere oder niedrigere, bis auf den Boden geschlossene und auf Stocktrieb gehaltene, eine oder mehrere Reihen starke Einringungen der Luftschicht angewandt und durch Obstlinien und die durchlaufenden bepflanzten Straßen queer getheilt werden. Sie wirken in dieser Art sonach als Feldschutz ein. Die Stetigkeit jedoch von dieser ihrer ertragmehrenden Einwirkung erlangen sie mittelst guter lokaler Einrichtung durch die **Erhaltung feuchter Wärme** der Luftschicht des Bodens, indem sie diese mit der verbessernden Mengung desselben in immer fruchtbarerer Wechselwirkung erhalten, so wie sie auch an sich selbst in ihren eigenen Produktionen an Holz und Obst, Bienenweide, Seidenbau u. s. w. immerfort ertragreicher und edler werden. (Einrichtungskunst d. Landg. §. 391—400. und §. 1187—1196.)

Es geht sonach hieraus hervor, daß die Schützung des Bodens durch das obbezeichnete Ineinanderwirken ihres Land- und Feldschutzes (d. i. ihrer Wälder und ihrer Heckenringe) eine sich in sich selbst steigernde Ertragmehrung üben kann, deren Grund in dem für jede Lokalität immer vortheilhafter ausgebildeten Grad der **feuchten Wärme** beruht, und daß sie zu der verbessernden Mengung des Bodens in eben solcher Wechselwirkung steht, mithin durch beide eine **stetig fortlaufende Ertragmehrung** zu begründen im Stande ist.

7.

Dies sind die 8 Hauptgrundlagen des Systems steigender Bodenrente und die in ihnen lebenden, sie stetig steigernden Kunst- und Naturkräfte. Die eine Hälfte derselben ist eben so viel **kostenmindernd**, als die andere Hälfte **ertragmehrend** ist, mithin — was man in der Einrichtungskunst (§. 601 bis 650) erwiesen findet — die ganze Ertragmehrung für die bisherigen Kosten der heutigen Einrichtungen liefernd, folglich sie zur **Reinertragmehrung** machend. Das will sagen: wenn z. B. ein Gut, statt des bisherigen 10 Zentner Durchschnitt-Gesammtertrages pro Morgen, durch dieses System 100 Zentner pro Morgen erzeugen wird, so sind 90 Zentner davon der Reinertrag.

Um nun dieses System der steigenden Rente noch anschaulicher zu machen, diene die andere Uebersicht auf Tafel II. — Hier findet man auch die **Einrichtungen**, in welchen die vorbemerkten Hauptgrundlagen der Einrichtungskunst der Landgüter bestehen, und kann sie also nach den bereits in Obigem angezeigten Stellen in dem Werke selbst, ihrer ganzen Entwickelung nach, erklärt finden.

Jeder Blick auf diese Tabelle wird dem Leser dann zeigen, wie wenig eine einzelne dieser Einrichtungen — obschon jederzeit und in allen Fällen nützlich — zu dem Ganzen sagen will, und daß nur das Ganze auch die volle Leistung, d. h. die Stetigkeit der Rentemehrung, gewähren kann.

Die Wechselwirkung (Organisation) der in diesen Einrichtungen lebenden Natur- und Kräfte ist nun aber für ein jedes größte oder kleinste Landgut dieselbe und ganz offenbar zu kunstreich, als daß sie dem Landwirth anders, als mittelst Provinzial-Landbauschulen eingelernter Wirthschaftsbeamten und Leute, einzuführen möglich wäre.

Und würdigt man dieses Landbausystem steigender Rente an sich selbst, so ist es — eben wie das Kunstsystem steigender Veredelung des Bürgerstandes nur ein „Sittenbildungssystem" seyn kann (§. 9.) — ganz offenbar als ein Länderbildungssystem zu betrachten, sobald es von den hohen Staatsverwaltungen adoptirt wird, indem es die stetige Ausbildung der Lokalitäten und der Wirthschaft der Landgüter, so wie die immer fruchtbarere Mengung und Schützung des Bodens bewirkt, wozu eine oberste Direktion in den Händen der Regierungen, unbeschadet der Freiheit des Landwirths selbst, nöthig seyn dürfte.

In dieser Eigenschaft ist es denn also die eigenthümliche Macht des Landbaustandes, wodurch er seinerseits auf die allgemeine Schuldentilgung hinzuwirken vermag.

Erklärungen über den Ausführungsantheil.

8.

Wenden wir uns nun zu dem Hauptüberblick auf Tafel I. zurück, so erscheint daselbst — allem bereits Vorgetragenen zufolge — der Ausführungsantheil gleichsam als die Seele dieses der allgemeinen angeerbten Länderverderbniß sich entgegenstellenden Länderbildungssystems.

Allein der Ausführungsantheil steigender Bodenrente muß von dem Grundherrn kommen, der Landbaustand kann nur das System dazu geben und ausbilden. Der Ausführungsantheil ist, wie wir bereits §. 8. gezeigt haben, die Macht des Herrenstandes hinsichtlich der allgemeinen Schuldentilgung.

Und insofern er dies durch die Einrichtung steigender Rente seiner Landgüter und durch die Nachfolge bis zu den kleinsten Bauergütern herab gut bewirken soll, ist der Vorgang in den Domainen dazu nöthig. Es bleibt uns also nur noch die Erklärung dieserhalb übrig.

Abgesehen von dem überaus kunstreichen und nicht mehr bloß mechanischen Zustande der ländlichen Gütereinrichtungen, durch welche eine fortdauernde Mehrung ihrer reinen Einkünfte nur möglich werden kann, so ist der Landbau überdem noch weit mehr als irgend ein anderes Gewerbe von den täglichen und augenblicklichen Zufällen der Natur abhängig, folglich auch weit mehr, als es gewöhnlich beachtet wird, von der Kunst des Menschen.

Eine natur- und wirthschaftsgemäßere Einrichtung steigender Rente setzt aber eine immer größere Steigerung der Kunst und der Geschicklichkeit, insbesondere aber der Treue und Anhänglichkeit aller Beamten, Dienst- und Arbeitsleute des Landguts an den Vortheil des Herrn voraus, und ist zur Erleichterung der Direktion dieser Gütereinrichtung durchaus nothwendig.

Es kann daher in der That keine geradere und gesundere Wirthschaftsmaaßregel geben, als eben einen für alle Betheiligten richtig gestellten und unverbrüchlich gehaltenen Ausführungsantheil der jährlichen Mehrung des Reinertrages allen Wirthschafts-Beamten und Arbeitern des Landguts, bis zur letzten Tagelöhnerfamilie herab, zu bewilligen.

9.

Das Verhältniß desselben betreffend, stütze ich ihn auf die allgemeine Erfahrung, daß ein Arbeiter 4mal mehr produziren kann, als er zu seinem nothdürftigen Unterhalt bedarf. — Dieß ist aber nur sein Sold, und von diesem zeigen die heutigen Zeitumstände (vergl. §. 9.), daß er den Volkswohlstand zu Grunde richtet, und für das Gewerbe des Landbaus Stillstand erzeugt.

Soll nun also der ländliche Arbeiter geschickter, kunstfähiger, treuer, anhänglicher für den Vortheil seines Herrn werden, so ist es rationell, ihn, nach dem Verhältniß seiner Einwirkung und seines Standpunktes zur Wirthschaft, bei der jährlichen Reinertragsmehrung in der Art zu beantheilen, daß man $\frac{1}{5}$ derselben unter das ganze Wirthschaftspersonal vertheile (nämlich *über* dessen üblichen Unterhalt), indem daraus 4mal so viel vermehrte Rente für den Herrn erwächst, als er Ausführungsantheil seinem Wirthschaftspersonale giebt.

Der Ausführungsantheil ist also eine *moralisch erzeugende Kraft*, die ewig fortlaufen muß. Sie bewirkt z. B. für

100 Thlr. Ausführungsantheil	=	400 Thlr.	reine Bodenrente und Wiederanlagen,
1000 „ — —	=	4000 „	
10000 „ — —	=	40000 „	

die der Gutsherr ohne diese zeugende Kraft durchaus nicht erlangen kann.

In Taf. VI. und VII. ist das fortlaufende Verhältniß des *Ausführungsantheils* zur *Wiederanlage* und zur *Bodenrente* zum Voraus zu überschauen.

10.

Dieser Ausführungsantheil unterscheidet sich von den „Tantiemen,“ dem „Stücklohn“ und der „Albrechtschen Antheilswirthschaft“ wie folgt:

1) Daß er nur von der *wirklichen Mehrung* des jährlichen Reinertrags gegeben wird.
2) Daß er nur *über* den *Durchschnitts-Ertrag* und *über* das *bisherige Kostenverhältniß* der Wirthschaft gegeben wird, als dem Status quo, welchen das Gut vor der Bewilligung des Ausführungsantheils führte.
3) Daß er, eben dieser jährlichen Ausweise wegen, nicht anders als nur durch die *doppelte Buchhaltung* ermittelt und dirigirt werden kann.

Mit der *Tantieme* ist er überhaupt nicht zu verwechseln, da diese gewöhnlich nur ein Einziger bezieht, nämlich der Leiter der Wirthschaft, und da sie auch nur von dem bloßen Geldbetrage gegeben wird, wobei man ein Gut so leicht als in der Pachtung zu Grunde richten kann. — Das *Stücklohn* hingegen, z. B. der Schnitter- oder Drescherthеil, ist immer nur als ein vernünftigeres Tagelohn anzusehen und nicht als Antheil.

— Die Albrechtsche Antheilswirthschaft aber beruhte auf Dividenden des ganzen Wirthschaftsertrages, sammt dessen Kosten. Kam also ein Unglück, so hatten der Herr und die Leute gleiches Schicksal. Allein die Leute müssen leben, und so hatte der Herr den Schaden allein. — Unser Ausführungsantheil dagegen beruht auf der kostenmindernden und ertragmehrenden Kraft der Einrichtung des Guts; diese aber ist das geistige Eigenthum des Gutsherrn oder, mit andern Worten, seine Intelligenz und bezweckt das Steigen der Bodenrente. Der Ausführungsantheil ist die eigentliche Wirthschaftsrente und steigert daher den Fleiß und erleichtert und treibt den Zweck der Wirthschaft durch sich selbst. So hat daher der Herr:

1) den bisherigen Durchschnittsertrag, als den Status quo, der vor der Bewilligung des Ausführungsantheils herrschte, vorweg, und seine Leute haben ihre üblichen Löhnungen und Deputate, wie zuvor;

2) hat der Herr allezeit $\frac{4}{5}$ der jährlichen Reinertragmehrung und sein Wirthschaftspersonal $\frac{1}{5}$ derselben, mag nun der Betrag groß oder klein ausfallen, Glück oder Unglück, Steigen oder Fallen der Preise u. s. w. im Spiele gewesen seyn *).

11.

In der doppelten Buchhaltung concentrire ich das ganze Direktorium der sichersten und wohlfeilsten Ausführung der jährlichen Rentemehrung. Meine Buchhaltungsmethode unterscheidet sich nämlich darin, daß sie die Hauptwirthschaftszweige, zu denen ein jedes größere Gut in den Uebergängen seiner Einrichtung

*) Was man nicht alles hervorsucht! Auch der Erbzins soll den Ausführungsantheil ersetzen und ich daran gar nicht gedacht haben. Der Erbzins ist ja aber nur eine stillstehende Rente, der Ausführungsantheil dagegen bewirkt das Steigen der Rente.

Es ist niemand mehr, als ich, für den Geist der alten germanischen Institutionen; wenn man sie aber rein materiell wieder einführen will, so sind es ja nur todte, unfruchtbare Formen.

steigender Rente gelangt, als da sind: die Verwaltung, die Hofwirthschaft, die Feldwirthschaft, die Küherei, die Schäferei, die Gärtnerei (welcher letztern nämlich die ganze Einsammlung und Anzucht und die fertige Ablieferung der Gründüngungs- und Futter- und Weidebau-Gesäme, sowie auch die Anzucht, Pflanzung und Bewirthschaftung der Schützungsanlagen, angehört) — als die eigentlichen Debitoren und Creditoren der Wirthschaft betrachtet. Diese 6 Fächer oder Aemter erhalten daher gleich von Anfang an ihre besondern Journale und Instructionen, und es sind diese 6 Journale so geordnet, daß in ihnen jeden Augenblick gebucht werden kann.

Ob nun diese 6 Journale in größern Wirthschaften von eben so vielen Personen, oder in Wirthschaften mittlerer Größe von wenigeren, oder in kleinen Bauerwirthschaften nur von Herrn und Knecht (durch den heutigen Schulunterricht begünstigt) geführt werden mögen, — immer kreuzen sich die Gegenstände durch das doppelte Anschreiben aller Ausgaben und Einnahmen an Geld, Material und Arbeit dergestalt angemessen, und das Interesse der betheiligten Personen wird — für den allgemeinen Zweck der jährlichen Reinertragmehrung — so scharf und richtig beachtet, daß sich die Wirthschaft — auf den Grund ihres lokalen Uebergangs- und Einrichtungsplanes — geradezu selbst treibt und auf die allersicherste und erfüllendste Weise auch selbst controllirt.

Ich werde diese Buchhaltungsmethode in einem besondern Hefte darlegen, und man wird daraus ersehen, daß sie — auf ihren Grund, d. i. des lokalen Uebergangsplanes und Ausführungsantheiles steigender Rente — für die größten und schwierigsten Güterdirektionen, als z. B. der Domainen, Stadt-, Societäts-, Stiftungs- und sonstigen Korporationsgüter, die vollkommenste Sicherheit und Leichtigkeit in der Direktion der jährlichen Mehrung der reinen Einkünfte gewährt.

12.

Sehen wir nun aber auf den Grund dieser unbedingten Sicherheit und Leichtigkeit der Direktion der größten Gütermassen zurück, so ist die erste Bedingung die Wiederanlage in dem Menschen, d. h. ein gerechter, gut bestimmter, ewig fortlaufender und unverbrüchlich gesicherter Ausführungsantheil seines Fleißes und seiner Fähigkeiten, damit sich das Wirthschaftspersonal seinem Berufe mit allem Eifer ergeben kann.

Es erscheint diese Maaßregel als der eigentliche Geist, welchen die Vorsehung für die Ernährung und Erhaltung der rastlos wachsenden Bevölkerung unsers Erdballs in den Landbau gelegt hat. Sie ist in unserer Zeit, wo die Volksverarmung so bedenklich wird, sehr nöthig, denn sie schafft ein arbeitsames, treues und zugleich wohlhäbiges Landvolk, als die natürliche Grundlage des gediegensten Nationalwohlstandes und daher der innern Absatzmehrung.

Zum Andern aber bildet sie auch einen immer kunstfähigeren landbaulichen Mittelstand, nämlich die Beamten- und Pächterschaft aus, und zwar an dem Boden der Güter selbst.

Auf 1000 Morgen (halbe geogr. Feldmaaße à 200 □Ruth. Rheinl.) mäh- und ackerbaren Wirthschaftslandes befinden sich etwa, im Durchschnitt der heutigen Zustände,

bei 10 Tagelöhner-Familien à 5 Personen =	. 50 Personen,
und bei 10 Paar Gesinde à 2 Personen =	. 20 "
mit Einschluß der Kinder, zusammen	. 70 Personen.

Es ist also nicht zu viel, wenn der Gutsherr sich diese seine Tagelöhner- und Gesindeschaft zu immer geschickteren und treueren Arbeitern machen will, ihnen eine Abgabe seiner jährlichen Reinertragmehrung zu bewilligen = . . . 1/10.

Ferner befinden sich auf 1000 Morgen (obig. Feldm.) mäh- und ackerbaren Wirthschaftslandes, im Durchschnitt der heutigen Zustände, etwa bei 6 Beamten-Familien, die jedoch nur als den Landwirthschaftszweigen dienend anzunehmen sind, nämlich der Verwalter, Hofmeister, Feldbaumeister, Schäfer, Kuhmeier, Gärtner; wogegen die Beamten der landwirthschaftlichen Fabrikaturzweige aus diesen ihren Ausführungsantheil zu beziehen haben. Jene 6 Beamten-Familien betragen daher, à 5 Personen, bei . . . . 30 Personen, und es ist, zur Steigerung ihrer Geschicklichkeit, nicht zu viel, ihnen die andere Hälfte des Ausführungsantheils zu bewilligen, d. i. eine Abgabe von der jährlichen Reinertragmehrung = 1/10.

Ueber die Abstufungen des Ausführungsantheils aller Betheiligten in dem Berichte über meine Buchhaltungsmethode das Nähere; hier nur soviel, daß er, wie so eben bemerkt ist, beträgt:

für die Tagelöhner- und Gesindeschaft = . . 1/10,
für die Pächter- und Beamtenschaft = . . 1/10,
Summe des Ausführungsantheils . 1/5.

13.

Die zweite Bedingung meiner fortwährenden Reinertragmehrung ist die Wiederanlage in dem Boden. Es ist begreiflich, daß sie eben sowohl, als der Ausführungsantheil, jährlich fortgeführt werden muß, wenn man verlangt, daß der Ertrag sich fortdauernd vermehren soll. Sie begreift aber alle mögliche Meliorationen in sich, die dazu nöthig und auf Tafel II. in Uebersicht gestellt sind; unter diesen will ich hier jedoch nur diejenigen bemerklich machen, um ihre erforderliche Größe zu rechtfertigen, wodurch die Kostenminderung und die Ertragmehrung am wesentlichsten und stetiger Weise fortzusetzen ist.

Die erste ist der Abbau neuer Vorwerke auf kleinere Flächen, wodurch alle kostenmindernden Einrichtungen der Felder, Höfe, Fruchtwechsel und der Viehzucht solches um so mehr werden, als die Fläche kleiner wird, auf der sie betrieben werden.

Die zweite ist die Vergrößerung des Kalkgehalts des Bodens, wodurch alle ertragmehrenden Einrichtungen der meliorirenden Mengung und Schützung des Bodens solches um so mehr werden, als die Aneignungskraft des Bodens größer wird — was nur durch einen stets mit Mist und Pflanzendüngung geschwängerten größern Kalkgehalt möglich werden kann, weil er sich durch die reiche Düngung immer wieder auszieht; worüber ich in der Einrichtungskunst (§. 701 — 800.) nachzusehen ersuchen muß.

Man wird aus den Berechnungen dieserhalb ersehen, daß die Wiederanlage in dem Boden für die ersten 25 Jahre nicht kleiner seyn darf, als . . . . -2/5 der jährlichen Reinertragsmehrung. (Vergl. Tafel VI.)

Dann aber sind die auf Tafel II. bemerkten und (sub 6. 7.) erklärten Einrichtungen steigender Rente schon zum größten Theile wirksam, so daß die Bodenrente des Gutsherrn und der Ausführungsantheil für eine schwächer steigende und gegen das 50ste Jahr stillstehende Wiederanlage immer größer wird, und daher die Wiederanlage in dem Boden bis zum 50sten Jahre, oder noch früher, herabfallen kann auf . . . . 1/5. (Zu vergleichen Tafel VII.)

14.

Solchergestalt bleibt dem Gutsherrn zwar bis zum 25sten Jahre nur eine jährliche Bodenrente übrig, im Verhältniß der ganzen Reinertragmehrung, = ... 2/5. Allein er hat diese nun auf einen solchen Verein von Kunst und Natur gestellt, daß sie sich fort und fort vergrößert — z. B. nach Tafel VI. in den ersten 25 Jahren von $\frac{1}{4}$ Thlr. pro geogr. Feldmaaß auf 44 Thlr., und zwar über dem Status quo vor der Bewilligung des Ausführungsantheils — und daß sie bis gegen das 50ste Jahr — kraft der vollen Einrichtung, Tafel II. — betragen kann bei . . . . 2/3. (Vergl. Tafel VII.)

Auch zeigen diese Tabellen VI. und VII., daß sich die Wiederanlagen dem Gutsherrn in den ersten 25 Jahren verzinsen, d. h. eine größere Bodenrente des Folgejahrs liefern = 20%, und in den zweiten 25 Jahren, zunehmender Größe wegen, = ... 10%.

Diesen Erfolg kann der Gutsherr nur durch den Ausführungsantheil seiner Leute erlangen, und so ist daher auch eine besondere Zinsung des Ausführungsantheils nicht zu begehren, weil er ja die Betriebskraft der steigenden Rente ist und weil er sich ja durch sein weit vortheilhafteres Kosten- und Renteverhältniß gegen die heutigen Einrichtungen ohnehin schon sehr reichlich verzinst. Denn die meisten der heutigen Einrichtungen haben zum Status quo einen Selbstbedarf ihrer Produktion = 2/3, zu ihrer Pacht, d. i. ihrer Bodenrente, = ... 1/3, wie man z. B. aus meiner Einrichtungskunst ausführlich und aus der nachfolgenden Abhandlung sub §. 45. entnehmen kann; mithin ist ihr Kosten- und Rentverhältniß gegen einander = ... 4 : 2. Der Ausführungsantheil der Wirthschaft aber verhält sich zu der Bodenrente des Gutsherrn (vergl. Tafel VI.) nur = . 1 : 2, und ist daher viermal wohlfeiler; mit der vollen Einrichtung aber, die man Tafel II. übersieht, z. B. gegen das 50ste Jahr hin, verhält er sich zur Bodenrente = ... 1 : 3.

Erfolge des Ausführungsantheils.

15.

So wie heute noch die Sachen stehen, erscheint der Erfolg des 50sten Jahres unglaublich, nämlich der Reinertrag pro 1 geogr. Feldmaaß à 400 □Ruthen Rhein. = . 360 Thlr.

Es ist aber in der That noch unglaublicher, es nicht zu glauben, wenn man die Mittel erwägt, die ich dazu in Anwendung bringe. Ein kurzer Ueberblick vom 1sten Uebergangsjahre bis zum 50sten ist hier also nöthig.

Die ersten 10 Uebergangsjahre der Progression Tafel VI. findet man sogleich in der folgenden Abhandlung durch das natürlichste, ertragreichste und wohlfeilste Mittel, welches es jemals geben wird, die verbesserte Gründüngung, unbestreitbar sicher begründet. Es kommt also nur darauf an, daß man zugleich den Ausführungsantheil und die Wiederanlage einführe, um sowohl die Kunst als die Kosten zu allen denjenigen Einrichtungen, woraus das System der steigenden Rente Tafel II. besteht, aus dem Gute selbst zu erzeugen.

Dies ist aber wiederum nicht anders, als durch ein zweites, eben so natürliches, ertragreichstes und wohlfeilstes Mittel möglich, nämlich durch die vielartigen, überdüngten, aufgemengten und eingeschützten Gräser- und Kräuter-Gemenge der Wechselwiesen und der Wechselweiden, wozu, wie man finden wird, unsere verbesserte Gründüngung die Kraft und die Gesäme erzeugt. Denn es ist zuerst aus dem von der „Fläche" ertragreicher gebildeten Futter- und Gründüngungsverhältniß, woraus wir eine solche Ueberkraft des Bodens zu erzeugen haben, worauf der Betrieb und die volle Einrichtung der steigenden Rente geschehen kann.

Sodann tritt die dritte Stufe der Einrichtung ein, nämlich die Ueberkraft durch eine fortgesetzte Verbesserung der erdigen Mengung des Bodens und der Verbesserung seiner klimatischen Zustände durch die Schützung.

Alle diese ertragmehrenden Einrichtungs-Grundlagen begründen sich, unter fortwährendem Steigen der Bodenrente, bis zum 25sten Jahre (vergl. Tafel VI.):

auf eine Wiederanlage in Summa von . 350 Thlr.,
folglich aufs Jahr und pro 1 geogr. Feldmaaß im allgemeinen Durchschnitt zu . . . . $13\frac{1}{5}$ Thlr.,
und die für das 25ste Jahr selbst schon beträgt auf das geogr. Feldmaaß bei . . . . . . 40 Thlr.

Das macht also für eine Wirthschaft von etwa 500 geogr. Feldmaaßen Wirthschaftsland oder von 1000 Morgen, à 200 □Ruthen, eine Wiederanlage des 25sten Jahres im Betrage von . . . . 20,000 Thlr., neben einer eben so großen Bodenrente und halb so viel Ausführungsantheil.

Es wird also hieraus begreiflich, was mit dieser doppelten Betriebskraft von Kunst und Kapital der Reinertragsmehrung bis zum 50sten Jahre auszurichten steht. —

Allein die Einrichtung steigender Rente verlangt dafür — kraft ihrer Leistung, alle Ertragsmehrung für die Kosten der jetzigen Einrichtungen zu bewirken *) — nicht kleine Dinge,

*) In der „Einrichtungskunst" findet man dies §. 604—650. erwiesen.

nämlich das Zusammenwirken aller der Einrichtungen von Tafel II., und zwar concentrirt in den Abbauten auf kleinere Kreisflächen der Felder um die Höfe und in dem thierisch-veredelnden Mengziel der Bodenarten. (Vergl. diesen Ausdruck oben sub 6. B. b.)

Durch die Abbauten werden alle Einrichtungen auf Taf. II. immer kostenmindernder einwirkend; durch die Annäherung zu dem oben erklärten und daselbst nachgewiesenen Mengziele werden sie immer ertragreicher — folglich die Renten immer größer.

Doch die Leser wollen wissen, wie die 360 Thlr. Reinertrag pro geogr. Feldmaaß des 50sten Jahres möglich werden, indem sie sich doch auf den Ertrag an Pflanzenmasse begründen müssen, und hierauf antworten wir:

1) durch einen stets vergrößerten und mit vielstoffiger Thier- und Pflanzendüngung geschwängerten Kalkgehalt des Bodens in einem rechten Verhältniß zu Thon, Sand und Moder;

2) durch immer tiefere Lüftung eines solchen Bodens durch verschiedene Mittel, insonderheit das Pflanzengewurzel;

3) durch Bewässerungen mittelst artesischer Brunnen gegen die Dürren und zur rechten, beständig gleichen Feuchtigkeitserhaltung des Bodens;

4) durch die Schützung mittelst Holz und Obst gegen die Rauheit der Witterung, zur fruchtbarsten Bildung und Einwirkung der Luftschicht des Bodens, und zur Veredelung der Holz- und Obstprodukte der Schützung selbst.

Es ist daher nicht die bloße Ertragmehrung, welche in dem Reinertrag der 360 Thlr. des 50sten Jahres pro 400 Ruthen Rheinisch liegt, sondern auch die Veredelung aller Thier- und Pflanzenprodukte durch ein solches Zusammenwirken von Luft und Boden.

Für diese beiden Zwecke daher und ihre immer wohlfeilere Verfolgung wirken der Ausführungsantheil und die Wiederanlage bis zum 50sten Jahre hin, und es beträgt (nach Tabelle VII.) bis dahin die Wiederanlage in Summa 2103 Thlr., folglich aufs Jahr und pro 1 geogr. Feldmaaß im allgemeinen Durchschnitt bei . . . . 40 Thlr., und in dem 50sten Jahre selbst . . . . 80 Thlr. Das macht also für eine Wirthschaft von etwa 1000 Morgen, à 200 □Ruthen Rheinisch, eine Wiederanlage des 50sten Jahres von . . . . 40,000 Thlr., wofür die so eben berührte Kalkgehaltsmehrung, Vertiefung, Bewässerung und die Schützungsproduktion des Bodens in vier bis fünf Abbauten — durch Plan und doppelte Buchhaltung und Ausführungsantheil sich selbst treibend und controllirend — die Bodenrente pro geogr. Feldmaaß liefern kann zu = ... 200 Thlr. und den ganzen Reinertrag zu . . . . 360 Thlr.

Denn angenommen den Zentner Trockengewicht der Handelspflanzenstoffe, Körner und Stroh, Heu und Weide u. s. w. zum heutigen Verwerthungspreise, im Durchschnitt à 3/10 Thlr., so wird die Kunst der Veredlung aller dieser Pflanzenstoffe durch Thier und Boden für den Zentner Trockengewicht bis zum 50sten Jahre einen Verwerthungspreis im Durchschnitt, nämlich für die ersten darin vorangehenden Wirthschaften, anzunehmen berechtigen bei . . . . 1/2 Thlr.

Sonach müßte also der Boden pro 1 geogr. Feldmaaß im Durchschnitt zu 360 Thlr. Reinertrag eine Pflanzenmasse liefern von . . . . 720 Zentner Trockengewicht.

Allein in diesem Reinertrage ist auch der Werth der jährlichen Schützungsprodukte des Bodens mit einbegriffen, welche bereits im 50sten Jahre in voller Ausbildung stehen können. Sie bestehen aus verschiedenen Arten von Bau- und Brennholz und einer großen Mannigfaltigkeit kleiner Handelshölzer, durch die Industrie der kleinen Leute gewonnen; ferner aus Obst, Wein, Seide, Honig und Wachs, so wie aus einer großen Menge Färbe-, Gerbe-, Arznei-, Würz-Stoffe u. s. w., welche letzteren mittelst der Betriebsamkeit der kleinen Leute aus den perennirenden Heckenkräutern in den Außenlinien der Schützung sich gewinnen lassen. Obst, Holz, Seide, Honig machen die Hauptprodukte der Schützung aus, und ihr besserer Betrieb vermehrt sich mit den Abbauten. Die Einrichtung des Feldschutzes (d. h. ohne die Wälder, nach dem oben sub 6. B. b. aufgestellten Begriff) findet man in der oben erwähnten Schrift: „Abschätzung der Einrichtung steigender Rente gegen die heutigen Einrichtungen" zu . . . . 1/5 des Flächeninhalts und der Rente angegeben; wir wollen sie hier jedoch, der runden Zahl wegen, nur zu . . . . . 1/6 des Reinertrages annehmen. Sonach bleiben von jenen 360 Thalern übrig . . . . 300 Thlr., und es muß das geogr. Feldmaaß im 50sten Jahre einen Ertrag geben von ($\frac{1}{2}$ Thlr. pro Zentner Trockengewicht) 600 Ztnr. Tgw. an Korn, Stroh, Futter, Weide, Handelsgewächsen u. s. w.

Heute bringt der Marschboden, und zwar in guten Jahren, den dritten Theil jenes Ertrages, also nur an 200 Zentner Trockengewicht, d. i. an 40 Scheffel Waizen, eine Last Gerste = 60 Scheffel, 100 Scheffel Bohnen oder Mais, 200 Zentner Luzernheu, 150 Zentner Kleeheu, oder die Weide von 3 bis 4 schweren Kühen oder Ochsen; allein ihm fehlt heute eben alles, wohin die starke Wiederanlage und die steigende Kunst der Ausführung jeden, auch den schlechtesten Boden bis zum 50sten Jahre bringen kann — nämlich zu Marschboden von größestem Kalkgehalt, tiefster Lüftung, vollkommenster Entwässerung und Bewässerung und wirksamst geschützt gegen Kälte und Hitze, gegen die Rauheit der Winde und den Witterungswechsel und gegen die Kürze und Störung des Wachsthums überhaupt. Diese Dinge sind aber so wichtig und die Mittel dazu so wirksam und stark, daß dadurch der dreifache Ertrag des heutigen Marschbodens unfehlbar zu erreichen steht.

Es treten Uebelstände ein, besonders in Folge des Witterungswechsels, und ich bin der Meinung, daß sie jährlich — aus Ursache der jetzt weit rascher zunehmenden Länderverderbniß (vergl. §. 10. 1—3.) — wachsen; allein dagegen schützt ein Reservefond der Wirthschaften an Geld und Naturalien, so daß — was wir ja eigentlich zu erweisen haben — die Renten gleichmäßig bleiben können.

Uebrigens ist auch noch zu bedenken, daß die Güter und ihre einzelnen Vorwerke mehr oder weniger schlechten oder guten Boden haben, daher auch mehr oder weniger Wiederanlage bedürfen, so daß diese Wiederanlagen häufig eher, als die Progression auf Tafel VII. angiebt, unterbleiben können, wodurch sodann die Bodenrente früher und oft sehr ansehnlich vergrößert wird.

Es werden also die in Tabelle VI. und VII. angenommenen Verhältnisse im Allgemeinen um so sicherer zutreffen und im Durchschnitt sich durchaus gerechtfertigt zeigen. Dies wird auch der Fall seyn mit der Progression der 20 Filial-Domainen, welche aus einer Mutter- oder Staatslandbauschule vom 6sten Jahre an durch gehörige Bewirthschaftung hervorgehen könnten. Es ist daher hier nur noch kürzlich zu bemerken, weil wir wieder darauf zurückkommen werden, daß der Durchschnittbetrag an Bodenrente beträgt im 50sten Jahre (Tafel VII.)
zusammen . . . . 2062 Thlr.,
folglich (20 : 2062) pro geogr. Feldmaaß bei . 100 Thlr.

16.

Ist der Gutsherr nun ein Privatmann und sein Gut oder seine Person verschuldet, so hat die Familie außer dem Status quo vor der Bewilligung des Ausführungsantheils, nämlich in den ersten 25 Jahren, in ihrer jährlich steigenden Bodenrente = ... 2/5
das Mittel ihrer beständigen Wohlstandserhaltung und Schuldentilgung. Denn sie kann z. B. auf ihre Wohlstandserhaltung verwenden das eine 1/5,
und auf ihre Schuldentilgung das andere . . . . . . 1/5.

Ist der Gutsherr eine Korporation, als z. B. eine Stadt, eine Provinz, eine Stiftung, eine Societät u. s. w., so kann man es eben so machen, nämlich 1/5 als die jährliche Einkünftemehrung consumiren, oder als Dividenden der Actionäre auszahlen, und das andere 1/5 zur Abstoßung der Hypotheken verwenden.

Ist der Gutsherr der Staat, das Landgut eine Domaine und unverschuldet, so kann die ganze jährliche Bodenrente = 2/5 auf die Schuldentilgung verwandt werden; oder auch nur 1/5, um das andere 1/5 zum Ankauf zweckmäßig gelegener Domainen für dieselbe Einrichtung zu gebrauchen.

Dahin aber dürfte es sich gestalten müssen, nämlich zu dem Vorgange der Domainen und der Korporationsgüter, theils des Umstandes wegen, daß diese Gütereinrichtung durch einzelne Besitzer, welche nicht durch eingelernte Wirthschaftsbeamte unterstützt sind, um so leichter unausführbar bleibt, als sie sich weit lieber der mechanischen Mittel der Schuldentilgung und der Wohlstandserhaltung, z. B. des provinziellen Tilgungsfonds der Hypotheken, der Wiedererrichtung unverschuldbarer Majorate u. s. w., als des produktiven Mittels des Ausführungsantheils und der Wiederanlagen, bedienen werden; theils aber auch deswegen, weil bei Domainen, oder Korporationsgütern, oder Actiengesellschaften dieser Art die Direktion derselben ihre Verfügungen für den Ausführungsantheil und die Wiederanlagen weit sicherer und richtiger zu leiten vermag, als ein Privatgutsbesitzer, bei welchem nun einmal Wille und Erfolg von den Launen, Zufälligkeiten und Bedürfnissen seiner Familie so sehr abhängen, daß er kaum anders, als dem allgemeinen Strome folgen kann, durch welchen er von außen getrieben wird.

Noch weit mehr und aus wichtigeren Gründen ist aber auch der Vorgang des Ausführungsantheils steigender Rente im Interesse der Staatsverwaltungen begründet:

Einmal, weil er die gleichmäßige Entwickelung des Bürger- und Landbaustandes fördert, indem er von der Trennung ihrer Interessen und aus ihren wirren Kämpfen gegen einander zur Vereinigung für den gemeinsamen Vortheil des Volkswohlstandes führt; und zum Andern: weil durch ihn es in der That nur möglich werden kann, die Staatsschulden zu tilgen, und zwar auf eine Art, wodurch sich die Regierungen von den Steuern unabhängig machen können.

17.

Angenommen, es würde bezweckt, die Staatsausgabe durch steigende Domainenrente bestreiten zu wollen, so ständen z. B. für Englands kolossale Schuldenlast die so mächtigen Colonialgebiete von 85000 □Meilen zu Gebot, — für Frankreich die bedeutenden Staatswälder — und für Teutschland die zwar wenigen Domainen, welche seine Staaten noch besitzen, die jedoch für einen Theil der steigenden Rente wieder vermehrt werden könnten.

Und wie große anderweitige Vortheile würden nicht aus dieser Richtung entspringen! Es würden mit der Bestreitung der Staatsausgaben aus der Domainenrente die heutigen hohen Erhebungskosten der demoralisirenden Consumtionssteuern unverzüglich wegfallen, was doch am Ende bei immer wachsender Bevölkerung von selbst nöthig werden wird und wozu in England und Frankreich schon alle Zeichen in den Coalitionen der Arbeiter aller Klassen gegeben sind. Es würde ferner die Staatsausgabe selbst sich vermindern, weil sie nicht eher aus der Domainenrente bezogen werden könnte, als bis die Staatsschulden auf denselben Wege getilgt wären und mithin die Staatsausgabe un den Zinsenbetrag der Schuld vermindert seyn würde. — Es würde ferner eine dritte Verminderung der Staatsausgabe sich dadurch ergeben, daß die Regierungsgeschäfte sehr vereinfacht werden müßten, indem der auf diesem Grunde ruhende Volkswohlstand mehr sich selbst regiert und die unbeschäftigten Hände sich den Ausführungsantheil der Landbaurente zuwenden können. — Wäre es aber auch nicht möglich, daß dadurch die Staatsausgabe auf 1/2 oder 2/3 vermindert würde, so würde doch immer die Kraft der Regierungen für die Kultur und Sicherheit des Staates nur dadurch gewinnen können, wenn die

Staatsausgabe und die Tilgung der Staatsschuld selbst aus solcher Domainen-Einrichtung erfolgte.

18.

Wenn man nun annimmt, daß eine Haupt-Domaine, als provinzielle Staatslandbauschule, mit 20 Filial-Domainen, 20,000 geogr. Feldmaaß Wirthschaftsland enthielte, so könnte sie nach den obigen Erweisen im 50sten Jahre — das geogr. Feldmaaß (siehe sub 15. zu Ende und Tabelle VII.) zu 100 Thlr. Bodenrente angenommen — eine Staatseinnahme liefern von 2 Millionen Thaler, und die Bodenrente durch alle 50 Jahre könnte betragen (vergl. Tabelle VII.) bei . 24 Millionen Thlr.

Also würde England von seinen Colonien und Frankreich von seinen Staatswäldern und Colonien, um ihre heutige Staatsausgabe von 300 Millionen Thaler Preußisch im 50sten Jahre ihrer provinziellen Staatslandbauschulen aus der Domainenrente zu beziehen, nur eine gewählte Länderei des mäh- und ackerbaren Bodens dazu nöthig haben von 3 Millionen geograph. Feldmaaß = ... 300 □Meilen Areal.

Der Preußische Staat würde eben so nur nöthig haben . . . . 1/2 Million geogr. Feldmaaß = ... 50 □Meilen Areal, und der Oestreichische Staat etwa das Doppelte.

In den Händen der Regierungen Preußens und Oestreichs würde also nur ein Theil des ganzen Staatsbodens zu diesem Ende nöthig seyn, nämlich . . . . . . 1/50 — 1/100, indem man entweder bis zu jenem Ziele hin die Staatsausgabe zu 2/3 oder 1/2 annimmt, oder aber das nicht mäh- und ackerbare Land dafür hinzuschlägt, z. B. die Gewässer, Wälder, Ortschaften, Straßen u. s. w.

19.

Die Tilgung der Staatsschulden selbst aus der 50jährigen Progression dieser Staats-Landbauschulen, wenn eine jede nur 20 Filiale in den ersten 25 Jahren aus sich ablegen würde, könnte sich wie folgt ergeben:

Die Staatsschuld Englands (nach §. 1.) — jede Mutterschule mit ihren 20 Filial-Domainen zu 20,000 geogr. Feldmaaß und der summarische Betrag ihrer 50jährigen Progression nur (nach Tafel VII.) zu 20 Millionen Thlr. Preußisch angenommen — durch Haupt-Domainen solcher Art = ... 300 Mutterschulen,
Die Staatsschuld Frankreichs durch 50 — —
Die Staatsschuld Oestreichs durch 20 — —
Die Staatsschuld Preußens durch 10 — —

Da nun aber eine Mutter-Landbauschule mit 20 Filial-Domainen, zusammen bei 20,000 geogr. Feldmaaß Wirthschaftsland, nur beträgt = ... 2 □Meilen, so würden die letzteren 3 Staaten weniger Land zur Schuldentilgung, als zur Deckung der Staatsausgabe bedürfen, indessen mit England das Gegentheil der Fall ist, weil seine Staatsausgabe nach Verhältniß kleiner, als seine Schuld ist (vergl. §. 1.) — Dieses steht also wiederum im richtigen Verhältniß mit den Zuständen dieser verschiedenen Staaten, da in England nicht mehr und auch kaum noch in Frankreich die Abgaben vermehrt werden können, indessen diese beiden Staaten disponibles und wählbares Land genug zur Einrichtung von Schuldentilgungs-Domainen besitzen, wogegen der umgekehrte Fall bei den letzteren beiden größten Staaten Teutschlands Statt hat.

20.

Jedenfalls würde die Tilgung der Staatsschulden um so schneller geschehen können, wenn sie zum größern Theile aus der steigenden Domainenrente und im Uebrigen durch den Nationalwohlstand bewirkt würde, der sich auf diesem Wege erzeugt, indem zuerst die provinziellen Vereine verschiedener Art, dann die einzelnen Gutsherren und zuletzt die bäuerlichen Besitzer den Domainen nachfolgen würden.

Aus dieser Nachfolge würde dann eben ein Kreislauf der Erfolge sich ergeben, welcher den Vorgang der Domainen-Einrichtung von allen Seiten nöthig und natürlich zeigt, um die in den letzten Jahrhunderten verbildeten Zustände des Staates aufzuheben, z. B. in folgender Art:

Mittelst der produktiven Kraft des Ausführungsantheils und der Wiederanlagen werden die Landgüter sich schuldenfrei machen können; um es zu bleiben, werden sie sich unverkäuflich stiften müssen, und um dies zu bleiben, müssen sie die gleiche Erbfolge führen können, ohne das Recht der männlichen Erstgeburt aufzuheben und ohne es gegen die wachsende Bevölkerung und gegen die Familien selbst feindlich zu stellen, weil es sonst früher oder später weichen müßte.

Diese Erfolge hängen von dem allgemeinen Ueblichwerden einer kreditfähigen Betriebseinrichtung der Landgüter ab, so daß man auf den Betrieb, statt wie heute nur auf den Boden, Geld zu borgen im Stande sey. Dies ist aber nicht möglich, so lange nicht der Ausführungsantheil und die Wiederanlage durch die doppelte Buchhaltung gesichert und überhaupt eisern gemacht worden, weil sich hierdurch nur die Kapitalien aus den Gütern selbst und mit Sicherheit vermehren und steigern lassen. — Nicht einmal die Hypotheken können von den Landgütern abgelöst werden, weil sie immer wieder auf den Boden zurückfallen würden, so lange der Betrieb nicht kreditfähig gemacht wird, und so wird das Eisernwerden des Ausführungsantheils und der Wiederanlagen nolens volens nöthig werden. Nur kann diese Einrichtung nicht von den Privat-Gutsbesitzern ausgehen, weil diese alles materiell behandeln und ohne innere Kraft und Einheit für das Allgemeine sind.

Diese kreditfähige Betriebseinrichtung der Landgüter kann unstreitig nur von den Domainen ausgehen, hierdurch erst unter den Privat-Gutsbesitzern allgemein üblich werden und sodann erst diesen folgende Vortheile gewähren:

1) daß die persönlichen Verschuldungen durch einen Theil der steigenden Rente getilgt werden können;

2) daß die Erbkapitalien der Töchter ebenfalls in dieser Betriebseinrichtung durch einen Theil der steigenden Rente gebildet und gesichert werden können;

3) daß die Erbtheile der Söhne theils durch Kapitalien, theils durch die Zerlegbarkeit der größeren Güter mittelst der Einrichtung steigender Rente so gebildet werden können, daß die Theile die Rente des Ganzen erlangen.

So ist also die Erhaltung der Familien und ihre gleiche Erbtheilung in Rücksicht auf den angeerbten Boden in der That nur durch den Vorgang der Domainen-Einrichtung zu begründen und der Kreislauf dieser Begründung folgender:

1) Die schuldenfreien, unverkäuflichen, durch ihre Betriebseinrichtung auf steigende Rente aber kreditfähigen und daher eine gleiche Erbtheilung gewährenden Güter fallen durch das frühere oder spätere Aussterben der Familien an die Krone, wie vor Alters, zurück.

2) Hier werden sie in das Organisationssystem der Domainen aufgenommen, getheilt oder vergrößert, und als erbliche Verlehnung an die verdienten Männer, oder auch — was in der fortgesetzten Consequenz des Ausführungsantheils liegt — als zeitliche Verlehnung, d. i. statt der bisherigen Besoldung der Staatsdiener, ausgetheilt.

Der Staatsboden würde hierdurch also zwar wie vor Alters, jedoch, den Zeitumständen und den heutigen Entwickelungen des Staates gemäß, nicht materiell, sondern geistig, als ein einziges Gut und als die Universal-Domaine des Königthums wiederum betrachtet und ausgebildet; hierdurch aber würden die verwirrten Interessen heutiger Tage heilbringend geschlichtet werden können.

Dies ist der Zweck, welchem ich in der Ausbildung der Einrichtungskunst steigender Rente gelebt habe. Dieselbe ist nur auf zweierlei Weise anzunehmen: entweder historisch, d. i. durch annähernde Feldereintheilungen von einer Generation zur andern, wodurch jedoch der Staatsboden, wie es im Westen Teutschlands und in allen bevölkerten Ländern zu sehen ist, verdorben wird, oder so, daß das Ziel und der Uebergang auf einmal ergriffen wird. Im letzteren Falle, d. i. in ihrem ganzen Zusammenhange, kann sie ohne eingelernte Wirthschaftsbeamten und Leute und ohne der Besitzer Neigung für den Ausführungsantheil derselben nicht ausgeführt werden. Dies hat mir die Erfahrung nur zu viel bewiesen, und so kann ich auch keine Einrichtungen ohne, die Garantie des Ausführungsantheils für das ganze Wirthschaftspersonal und die Wiederanlagen mehr leisten.

Allein es bleiben die einzelnen Vortheile dieser Gütereinrichtung für einen jeden Landwirth groß genug, führen am Ende zur Ueberzeugung des Ganzen, und so werde ich diese Blätter den Entwickelungen und Anleitungen solcher einzelnen Vortheile desto ausführlicher widmen.

Zweite Abhandlung.

Die verbesserte Gründüngung.

Zweite Abhandlung.

Die verbesserte Gründüngung.

Nachtheilige Einwirkungen der heut zu Tage vorherrschenden Mistdüngung.

Jeder unbefangene Blick auf die heutige Landwirthschaft erweist, daß sie in mehr als einer Hinsicht in einer natur- und wirthschaftswidrigen Richtung verharrt, vorzüglich in Betreff der Düngung, indem man Alles nur durch den Mist, die Stallfütterung und die Anwendung der Fabrikatur-Abfälle erzwingen will. Zuerst hierfür die Belege im Allgemeinen.

§. 1.

Die Natur düngt den Boden in einem weit größern Verhältniß durch Pflanzen, als durch Thiere, nämlich außer dem Futter, welches sie den Thieren reicht. Der ganze Moder des Erdballs ist durch Pflanzen entstanden und kann sich auch nur durch Pflanzen, nämlich durch Wälder und Unkräuter, vermehren.

Durch das Thier, nämlich durch dessen Mist und sonstige Abfälle, kann die Bodenkraft nicht einmal erhalten, geschweige vermehrt werden, indem das Thier für das empfangene Futter Arbeit, Fleisch und Fett, Milch, Wolle, Geburten u. s. w. liefern muß, wodurch mehr assimilirt, als ausgeworfen wird. Dies erweist sich, unter Anderm, aus den Versuchen des Hrn. Amtsraths Block, nach welchen das Thier von 10 Zentner Heu und

Stroh, also den festen Stoffen seines Futters, 3/5 oder etwa 6 Zentner Tgw. *) assimilirt, indem die Auswürfe nur etwa betrugen . . . . 4 Zentner Tgw.

Es lehren nun zwar die auf lange Erfahrung gebauten Wirthschaftsanschläge, daß diese aus 10 Ztr. Tgw. Futter entstandenen 4 Ztr. Tgw. Mist — durch die Anziehungskraft oder die Luftnahrung von Boden, Pflanze, Thier — wiederum durchschnittlich bei 10 Ztr. Tgw. Pflanzenmasse erzeugen, und zwar auf gutem Boden und von gut genährten Thieren mehr, andern Falls dagegen weniger; allein es erhellt doch auch aus diesem Fingerzeige, daß die Vermehrung der Bodenkraft ziemlich ruhen und eher ab- als zunehmen müßte, wenn sie nur auf die Mistdüngung und nicht auf eine weit größere Pflanzendüngung gegründet wurde.

Die Pflanzendüngung ist aber eben in den heutigen Wirthschaften noch äußerst vernachläßigt. Sie besteht nur in der zufälligen Gründüngung der begrasten Stoppeln und Brachen und in einer schwachen Dreeschdüngung der Mähklee- und der Weideschläge. Von letzteren nahm der Herr Gubernialrath Burger an: daß 1/4 der abgemäheten oder abgeweideten Pflanzenmasse als Dreeschdüngung zu veranschlagen sey. Ein Morgen also mit einem Ertrage von 20 Ztr. Kleeheu oder Weide Trokkengewicht giebt dem Boden nur 5 Ztr. Dreeschdüngung. Auf eine so schwache Pflanzendüngung folgen sodann in der Schlagwirthschaft oft 6 bis 9 Getreidebestellungen, deren Sommerung nach der Winterung also meistens schlecht steht. — Könnte man nun aber zwischen der Winterung und der Sommerung eine sehr wohlfeile und kräftige Pflanzendüngung einschieben, so würden dergleichen Wirthschaften ihren Ertrag sehr schnell verdoppeln können, ohne daß sie ihre Feldereintheilung, und zwar so mechanisch, nutz- und ziellos, als es heute oft geschieht, verändern dürften. Denn sie würden sodann durch ihre eigene Ertrags- und Rentemehrung — statt, wie heute, nur aus dem Mangel derselben oder durch die in der Regel sehr theuer erkauften Fabrikatur-Abfälle — zu allen bessern Einrichtungen aus sich selbst

*) Tgw. bedeutet fortan „Trockengewicht."

getrieben werden, während sie gegenwärtig, wenn sie einen größern Futter- und Weidebau einlegen wollen, sogleich die ganze Wirthschaft verändern, Einbuße erleiden, Kapital-Vorschüsse von außen her suchen und auf Fabrikatur-Abfälle sich verlassen müssen.

§. 2.

Natur- und wirthschaftswidrig überhaupt ist die bloße Mistdüngung beim Pflanzenbau. Die Pflanzen — und nehmen wir die nährendsten — z. B. unter den Getraidegräsern die reife Waizenpflanze und unter den Futterkräutern der grüne Klee haben in der ganzen Pflanze nur höchstens 5 bis 6 Procent Thierstoff (Kleber). Wird der Waizen also gezwungen, durch den Mist zu viel Thierstoff einzusaugen, so wird er — wie die Erfahrung lehrt — brandig und glasig und, gleich der Gerste, zum Malzen untauglich; eben so werden, bei plötzlichen Witterungswechseln und je mehr dem Boden die Pflanzendüngung fehlt, der Roggen mutterkornig, und, wie alle übrigen Getraidearten, rostig, die Hülsenfrüchte mehlthauig, die Erbsen zu geil, die Kartoffeln und Rübenarten madig, das Futter und die Weide zu blähend. — So z. B. sah Herr Pächter Staudinger auf Flottbeck, nach üppiger Düngung mit gefaulten frischen Häringen, den Rost am Getraide und sogar an den Kartoffeln und auf den Wiesen entstehen; mengte man aber Torfmüll oder Dammerde mit den Häringen zu Kompost (also thierische Düngung mit Pflanzenmoder versetzt), so entstand kein Rost. — Am ärgsten entstand der Rost, als man auf Sandfeldern bei Hamburg die Kartoffeln mit reichlichem Straßendünger baute. — In Holstein nahm der Rost überhand, als man nach Aufhebung der Leibeigenschaft die Felder stärker düngte, ohne sie doch tiefer zu pflügen; ebenso in Mecklenburg, als man dort zu mergeln begann und den Viehstand vermehrte, ohne gleichfalls tiefer zu ackern. Alles dieses zeugt sonach gegen die bloße Mistdüngung.

Die entgegengesetzten vortheilhaften Erscheinungen dagegen treten ein, sobald die Bewirthschaftung des Bodens mehr auf Pflanzendüngung, als Mistdüngung gegründet wird — wie z. B. die schon von Natur an Pflanzendung reichern, d. h. sich leicht begrasenden Marschböden, oder die dreeschdungreichen Graswirthschaften der Engländer und Holsteiner zeigen, bei welchen die Mistdüngung mit einer größern Pflanzendüngung verbunden ist, mithin vielstoffiger compensirt aufgesogen wird. Daher kommt es denn auch, daß man bekanntlich auf Marschböden nicht zum Waizen düngen darf und eigentlich auch nicht auf jedem andern guten Boden, gleichwohl aber die mehl- und zuckerreichsten Körner erhält, indem sich hier der Bodensaft mehr aus dem Pflanzenmoder (Humus) bildet *).

Der Mist ist das in dem Leibe der Thiere extrahirte Futter. Bei der Mistdüngung erhält der Boden nur die Holzfaser und die unverdaulichen Harze, Wachse, die fetten und flüchtigen Oele, die Faulstoffe u. s. w., nebst 10 Procent thierischen Schleims und Salzes. Den Pflanzenschleim, die Stärke, den Zucker, das Eiweiß, den Kleber u. s. w. haben die Thiere sich angeeignet. Die bloße Mistdüngung muß daher eine gewisse Einartigkeit und Unvollkommenheit des Bodensaftes unterhalten, die, je unvollkommner das Erdgemenge der Bodenarten ist, in Verbindung mit den Witterungswechseln, zur Ursache von „Krankheiten" der Feldfrüchte wird, die häufigen „Mißernten" des Klees und der Erbsen begründet, das sogenannte „Austragen" der Früchte erzeugt, die öftere „Gehaltlosigkeit" der Körner und des Futters bewirkt, das Ungeziefer vermehrt und manche schwer zu tilgende Unkräuter hervorbringt u. s. w. Ja sogar auch „ungesunde Luftzustände" kann man der vorherrschenden bloßen Mistdüngung zuschreiben, indem sie einer Seits durch die vielen größtentheils leeren Brach- und Stoppelfelder und daher durch den Mangel grüner Pflanzenmassen ein zu geringes Luftverbesserungs-Verhältniß unterhält, anderer Seits aber auch, indem sie — sich auf viele wilde Wiesen und Weiden stützend — die Einsaugung der Miasmen auf diesen wüsten Böden verhindert.

Alle diese Nachtheile fallen in der grünen Pflanzendüngung und der Dreeschdüngung weg, denn indem sie eingeackert wird,

*) Der alte Ausdruck „Extractivstoff" gilt für eine Substanz, die aus so vielerlei mit einander verbundenen Salzen und Säuren besteht, zu uneigentlich; ich wähle daher den allgemein verständlichen Ausdruck „Bodensaft" für den Wasserauszug des Bodens, wie ihn die Pflanzen aufsaugen.

erhält der gelüftete Boden die meisten der zur vollkommensten Ernährung der Feldfrüchte wirkenden Bestandtheile wieder, und dies um so mehr, aus je vielartigeren Pflanzengemengen sie zusammengesetzt werden, weil deren Gährungen, warm wie sie noch sind, von den Feldfrüchten aufgesogen werden und daher einen weit reichern Bodensaft schaffen. — So z. B. wirkt in den Graswirthschaften der Engländer der Gyps nicht, weil dessen Bestandtheile, Kalk und Schwefelsäure, durch die Pflanzendüngung in dem Boden erhalten wird. So erscheint der Klee in guten Wiesen perennirend, indessen er in pflanzendüngungsarmen Wirthschaften nicht vor 6 Jahren wiederkommen darf und am Ende sich ganz austrägt. Und wer weiß nicht, daß die Dreeschbrachen bessere Winterung, als die Mistbrachen geben?

Es ist sehr zu beachten, daß die Pflanzen auf vorherrschende Kohlenstoffeinsaugung aus Luft und Boden angewiesen sind, die Thiere aber auf vorherrschende Stickstoffeinsaugung aus Luft und Futter. Beides kann in der vollkommensten Art zwar nur durch verbessernde Mengung und Schützung des Bodens, d. i. durch richtige Kalk-, Thon-, Sand- und Moder-Aufmengung, durch Luft- und Pflanzendüngung, mithin nur durch vielstoffig nährende Erdgemenge geschehen; allein durch vielartige Gründüngungsgemenge kann man den Boden nicht weniger bereichern, und durch sie nur kann man die Mittel zu der verbessernden Mengung und Schützung des Bodens auf die denkbar wohlfeilste Weise sich erzeugen, indem man durch sie — was nämlich aus den Analysen ihrer einzelnen Pflanzenarten hervorgeht — die verschiedensten Verbindungen von Kali, Natron, Kalk, Talk, Metalloxyden, Thonerde, Kieselerde, Schwefelsäure, Phosphorsäure, Chlor u. s. w. dem Boden zuzuführen und in ihm durch öftere Pflanzendüngung zu erhalten vermag.

Je ärmer daher ein Boden ist, desto mehr muß seine Bewirthschaftung auf Pflanzendüngung gegründet werden. Je besseres Getraide man haben will, desto mehr Pflanzendüngung muß der Mistdüngung folgen und, nach derselben, den Fruchtwechseln eingelegt werden.

Grundlage der verbesserten Gründüngung.

§. 3.

Dieses kann nur durch Verbesserung der bisherigen Gründüngung geschehen, nämlich dergestalt, daß man dieselbe zu einer solchen Vollkommenheit bringt, daß sie zwischen alle Hack- und Halmfrüchte eingeschoben werden kann, und zwar überall für jeden Boden sehr wohlfeil und in den mannigfaltigsten Weisen, d. i. als Aussaat im Winter- und Sommergetraide, in Brachen und Stoppeln.

Dem verdienstvollen Freiherrn v. Voght auf Flottbek gebührt die Ehre einer vorzüglichsten Bemühung für die verbesserte Gründüngung. Nach ihm hat der würdige Kreysig viele neue Pflanzen dazu vorgeschlagen. Die meinigen habe ich geradezu aus Düngernoth erprobt, und obwohl auch in verschiedenen anderen Gegenden Ungarns, doch vorzüglich auf einem Gute bei Tyrnau, Namens Korompa.

Ein jeder nimmt aber die Welt auf andere Weise in sich auf. Mich leitete vor Allem das Princip der kostenmindernden Gütereinrichtung. Nach diesem muß man mich beurtheilen. Dies Princip vor Allem kann nur der Grund einer verbesserten Gründüngung werden.

Ich beabsichtige daher, meine Erfahrungen darüber mitzutheilen und zu zeigen: wie die verbesserte Gründüngung, als Aussaat oder in Brachen und in Stoppeln, der Hebel werden kann, auf einem weit kürzern und wohlfeileren Wege, als durch die bloße Mistdüngung, die Kraft des Bodens zu vermehren, und wie ich sie seit der Herausgabe der Einrichtungskunst bis heute noch mehr verbessert habe.

§. 4.

Für die Mistdüngung, welche meistens nur durch die Stallfütterung geschieht, muß man das Futter erst mähen, trocknen, einfahren, aufbewahren, dem Vieh vorlegen und sodann den Mist auf den Acker fahren.

Diese sechsfachen Arbeiten werden geradezu durch die Gründüngung erspart, denn man säet dieselbe blos an und ackert ihre grüne Krautmasse einfährig unter. Der Kostenunterschied zwischen der Mistdüngung und der Gründüngung ist also schon von von herein sehr bedeutend, nämlich mindestens = . . . 6 zu 1.

Allein man nahm zu der bisherigen Gründüngung nur einzelne Pflanzenarten, als z. B Erbsen, Wicken, Pferdebohnen, Lupinen, Buchwaizen, Hafer, Hirse, Gerste, Roggen, Spörgel, Rapps u. s. w. Eine einzelne Pflanzenart wächst und bedeckt aber den Boden nur sehr dünn, auch wenn man sie noch so dicht säet, weil sie nur einerlei Stoffe aus Luft und Boden einsaugt. Eben daher giebt sie auch der nach ihr gebauten Feldfrucht eine weit eintönigere Ernährung, als es bei vielartigen Pflanzengemengen der Fall ist. Letztere aber scheint schon die Natur durch ihre Säeleute, die Stürme, zu beabsichtigen, indem sie den Acker mit so verschiedenen Unkräutern bedeckt und auf jeder Bodenart, gleichviel ob Sand, Thon, Moor u. s. w., solche Unkräuter in Menge darreicht, durch deren Gründüngung der Boden sehr verbessert werden kann.

Gegen diesen Wink der Natur waren die bisherigen Gründüngungen also, sowohl an Quantität wie an Qualität, zu g e r i n g. Ferner waren die obberührten Wirthschaftsgesäme, woraus sie nur bestanden, viel zu t h e u e r und zu g r o ß k ö r n i g, als daß sich ein bedeutender Wirthschaftsvortheil aus ihnen hätte ergeben können. Und endlich waren sie auch i n i h r e r A n w e n d u n g z u b e s c h r ä n k t, indem die bisherigen Gründüngungspflanzen, bis auf den Rapps und Roggen, sämmtlich nur einjähriger Art sind, mithin nicht durch den Winter gehen können, auch nicht als Aussaat im Getraide anzuwenden waren, da sie aufschießen und das Stroh futtrig machen würden.

§. 5.

Diese Mängel der bisherigen Gründüngung suchte ich durch Gesäme von möglichst v i e l e r l e i Pflanzenarten unter einander, die zugleich sehr w o h l f e i l und der mannigfachsten l o c a l e n Anwendung fähig wären, zu verbessern; solchen Zweck aber konnte ich nur durch das Gesäme der w i l d e n Pflanzen erreichen.

Durch die französische Invasion im Jahre 1806 sah ich den Frieden und die Kultur Teutschlands auf lange Zeit gestört und reiste daher nach Ungarn. Ich wollte dort die reichere mitteleuropäische Flora für meine Zwecke sehen und fand in den verschiedensten Gegenden, bis ins Bannat hinab, — insbesondere aber auf dem Gute Korompa bei Tyrnau, über 8 Jahre hindurch — viele Gelegenheit zu Beobachtungen und Anwendungen in Betreff meiner Grundsätze der Schützung und der Pflanzendüngung des Bodens. Von allen saamenreichen Pflanzen auf Wiesen, Feld, in Wald und Garten, brachte ich Gesäme aus den durchreisten Gegenden zusammen, indem ich sie theils durchs Abschneiden des reifen Krautes, theils durchs Abstreifen einsammeln ließ. Dies fiel äußerst wohlfeil aus und ich machte damit, um den Mist weiter auszudehnen, mancherlei Versuche in den halb gedüngten Brachen, in den kräftigeren Stellen früh gestürzter Stoppeln, als Aussaat in der Winterung auf dem nassen Schnee und in den Sommerfrüchten. Die Früchte standen auf diesen eingepflügten Krautmassen immer blaugrün und waren sehr körnerreich; der Boden ward rein und mürbe; Erbsen und Kartoffeln, Klee und Luzern, Esparsette und Grasbau gediehen vorzüglich — und dies Alles um so mehr, je dichter der Kräuter- und Gräserfilz dieser Gemenge gerathen war und je mehrerlei Pflanzenarten ich angewendet hatte.

In der Winterung schossen mir aber diese und jene der 2- und mehrjährigen Pflanzen auf und machten das Stroh futtrig, andere wucherten durch ihre Wurzeln fort. Letztere ließ ich daher ganz weg und erstere wandte ich nur, in Brachen und Stoppeln an.

Seitdem habe ich die Anwendung und die Auswahl der Gründüngungspflanzen immer mehr vervollkommnet und gebe daher zu Ende dieser Abhandlung die Uebersichten der von mir bei folgenden Eigenschaften versuchten Pflanzenarten:

1) Die zur Gründüngung tauglichen Pflanzenarten müssen nicht wurzelwuchernd seyn, sondern, sobald sie untergepflügt werden, alsogleich absterben.

2) Sie müssen sehr saamenreich seyn, vorzüglich diejenigen, welche man auf besondere Flecken zur Saamenzucht anwenden will, weil sie in der Umgegend nicht wild wachsen.

3) Ihre Gesäme müssen leicht gewinnbar, schnell auflaufend und schnellwüchsig seyn.

§. 6.

Pflanzenarten, welche diese drei Forderungen erfüllen, sind daher im Grunde die reichhaltigsten Saamenkräuter, und je mehr sie dieses sind, je bessere Gründüngungskräuter sind sie, indem der Vortheil darin steckt, mit wenigen Pfunden Gesämes die möglichst größten Krautmassen schnell zu erzeugen.

Man darf aber diese Pflanzenarten niemals auf dem Felde zur Blüte, geschweige zu Saamen kommen lassen, indem sie den Boden sonst auf Lebenszeiten verunreinigen würden. Die Natur hat nämlich so angelegentlich für ihre Verbreitung gesorgt, daß sie ihre große Saamenmenge entweder ungleich zur Reife bringen und daher unaufhörlich ausstreuen, oder aber sogleich ausfallen lassen. Als „Gründüngung" jedoch kommen diese Pflanzenarten niemals in den Fall, den Boden zu verunreinigen, weil als solche man sie nur eine 6 bis 9 Zoll hohe und sehr dichte Krautmasse bilden lassen kann, indem sie sonst nicht einzuackern wären.

Ich habe daher diese Pflanzenarten immer an ihren natürlichen Standorten, wo sie gern wild wachsen, begünstigt, nämlich an Zäunen, Gebüschen, in Gräben, auf Wällen, in Straßen, auf Rainen, Weg- und Wiesenrändern, Schutthaufen, Sandschollen, in Schonungen u. s. w. Wo ich sie aber eigens zur Saamenzucht bauen mußte, da räumte ich ihnen abgelegene Feld- oder Gartenwinkel ein, wo sie für immer bleiben und ihren Saamen ausstreuen können. Wenn man ihnen an solchen Stellen nur ein wenig zu Hülfe kommt, so liefern sie von der Rheinischen □Ruthe, = 4 □Klafter Oestreichisch, 2½—5 Pfund Saamen jährlich, indessen man auf 200 □Ruthen Rh., = 800 □Klafter Oestr., an klein- und großkörnigem Gesäme — wie es die nachstehenden Uebersichten erweisen — durchschnittlich nur bedarf bei . . . . 10 Pfund Gesäme. Dabei kam mir der Preis ihrer Gewinnung durchschnittlich niemals über 3 Kreuzer = 1 Sgr. pro Pfund und oft viel geringer zu stehen.

Uebersicht der neuen Gründüngungspflanzen sammt ihren verschiedenen Anwendungsweisen.

§. 7.

Die Uebersicht A. zu Ende dieser Abhandlung (Tabelle III.) enthält die von mir bis heute versuchten praktikabeln Pflanzenarten der Aufsaatsgründüngung, d. i. solche Gesäme, die, wie der Klee, ins Getraide aufzusäen sind und entweder gar nicht, oder doch weniger, als der Klee, in Stengel schießen, also nur einen Blätterfilz mit einander bilden. Diese Pflanzenarten — deren noch viel mehrere, als meine „Einrichtungskunst" enthält, bis heute von mir versucht worden sind (wie aus dem Anhang zu ersehen ist) — sind allesammt zwei- oder mehrjährig, wachsen fast überall und sind einer dreifachen Anwendung fähig.

Einmal sind sie anzuwenden als Aufsaat ins Getraide, nämlich auf dem nassen Schnee der nicht zu dicht gesäeten Winterung, oder auch in kräftiger Sommerung und in dünn gesäeten Erbsen, Wicken, Bohnen, Buchwaizen u. s. w. Sie machen, unter dem Schutz dieser Früchte, einen grünen, beschatteten, zur Einsaugung der Kohlensäure geeigneten Boden und befördern dadurch das Wachsthum jener Feldfrüchte. Denn die Winterung hat einen zu großen Vorsprung, da sie schon im Herbste eingewurzelt ist und im Frühjahre schnell aufschießt; Sommerung und Hülsenfrüchte dagegen wachsen, als einjährige Pflanzen, weit schneller, als diese zwei- und mehrjährigen Gründüngungskräuter und Gräser, welche im ersten Jahre nur Wurzelblätter bilden und damit genug zu thun haben.

Sobald nun das Getraide eingeerntet ist, muß man das aufgesäete Gemenge in Ruhe lassen und nicht beweiden, zumal es auch, der Beimengung giftiger und scharfsaftiger Kräuter wegen, weder zu Futter, noch zur Weide taugt. Es bestaudet sich sodann vor dem Anfang des Winters vollends, und auf schwerem Boden ackert man es kurz vor dem Winter ein, damit nicht zuviel Kraft durch die Gährung entweiche. Im Frühjahr erhält darauf der schwere Boden anfangs noch eine oder 2 Furchen zur Folgefrucht (was jedoch nach einige Mal wiederholter Gründüngung nicht mehr nöthig ist, weil diese auch den schwersten Boden um so lockerer macht, je dichter man sie bildet); auf leichten Boden aber läßt man das Gemenge durch den Winter gehen und im Frühjahr ein wenig aufgrünen, sodann ackert man einfahrig zur Sommerung unter.

Zum Andern — wenn man Ueberfluß an diesen Gesämen hat — können sie auch mitunter in die Gründüngungsgemenge der Brache, nämlich für deren Vielartigkeit und Dichtigkeit, verwendet werden.

Zum Dritten habe ich sie als Gründüngung der möglichst früh gestürzten Stoppeln angewandt — und zwar sowohl der Winter- als Sommerstoppeln, — ja selbst auch nach den Kartoffeln und sonstigen Hackfrüchten, auf deren mürbem oder gedüngtem Boden sie, wo es nicht gar zu spät wird, noch recht gut sich bestocken, oder doch Pflänzchen machen. Sie gehen dann, als zwei- und mehrjährige Pflanzenarten, durch den Winter fort; im Frühjahr läßt man sie etwas aufschießen und ackert sie dann zur Sommerung unter.

§. 8.

Die Uebersicht B. (Tabelle IV.) enthält die bis heute von mir versuchten praktikabeln Pflanzenarten der Brach-Gründüngung. Es sind größtentheils einjährige Pflanzen, die ihrer Natur nach schnell in Saamen schießen, und es sind ihrer noch mehr, als in der Einrichtungskunst von mir bis heute versucht worden, wie aus dem Anhang zu ersehen ist. Doch habe ich auch einige der schnellwüchsigsten zwei- und mehrjährigen Pflanzenarten in die Brachgemenge genommen, und da auch in dieser Uebersicht deren einige vorkommen, so bemerke ich, daß ich sie durch die in der Botanik üblichen Zeichen unterschieden habe, nämlich:

die einjährigen durch das Zeichen . . ☉,
die zweijährigen — — — . . ♂,
die mehrjährigen — — — . . ♃.

Diese Brach-Gründüngungspflanzen können ebenfalls auf dreierlei Art angewandt werden.

Einmal — zeitig im Frühjahre, nach dem Dung der Kartoffeln, denen die kleine Gerste folgen soll. Ein solches Gemenge bedarf nur 6—8 Wochen, um seinen 6—9 Zoll hohen und dichten Pelz zu bilden, daher noch Zeit genug für die kleine Gerste bleibt. Diese aber wächst dann viel üppiger, und es gedieh mir auch die Klee- oder Weide-Einsaat der Gerste weit besser darauf.

Zum Andern habe ich diese Pflanzengemenge auch als leichte Besämungen der Wendefahren und der Hackfahren angewandt, um der Brache mehr Grünkraut einzuackern, als ihr Boden von Natur gab.

Zum Dritten endlich da, wo ich einzelne Theile der halbgedüngten Brache bis zu Johannis fertig machen konnte, um sie dann mit dem Gemenge zu besäen, welches ich demnächst zu Jacobi durch die Saatfahre zur Winterung unterpflügen ließ.

§. 9.

Die Uebersicht C. (Tabelle V.) enthält die bereits ziemlich bekannten, praktikabelsten und besten Wiesen- und Weidepflanzen, deren ich mich bediente, um den rothen und weißen Klee zu verdichten. Dies war nöthig und geschah in dem Maaße, als ich die Gründüngung ausdehnte und daher immer weniger Stoppel- und Brachweide behielt, da die Gründüngungsgemenge nicht beweidet werden dürfen. Es sind lauter perennirende, d. i. vieljährige Pflanzen. Viele dieser Gräser und Kräuter wachsen an diesen oder jenen Orten wild, andere dagegen verschrieb ich und baute sie in Menge an, und so dienten sie mir zum Theil auch zur Verdichtung und Ergänzung der Gründüngungsgemenge.

Bestimmungen der Aussaat und des Saamenbedarfs.

§. 10.

Um den Bedarf der Aussaat und den Grad der Dichtigkeit der Gemenge leicht und mit Sicherheit für die lokalen Fälle und Umstände bestimmen zu können, — indem sich in einem Jahre von diesen oder jenen Pflanzenarten mehr oder weniger darbot, — wog ich von dem guten und ganz rein ausgeschwungenen Saamen der sub A. B. C. angeführten Pflanzenarten 1/1000 Pfund Mittelgewicht = 10400 holländische Asse ab, welches 7 Gran Oestreichisch oder 8 Gran Preußisch Apothekergewicht beträgt, und zählte die darin enthaltenen Körner *).

Dieses Ergebniß findet man in den 3ten Colonnen der Uebersichten A. B. C. aufgeführt, und hierdurch wußte ich, wieviel verläßliche Körner ich in so- oder soviel solcher Pfunde der vorräthigen Gesäme hatte, daher ich auch genau bestimmen konnte, wieviel Körner oder Pfunde ich auf der jedesmal gegebenen Fläche einfallen lassen mußte.

Im Durchschnitt fand es sich, daß des Schattens wegen die Gründüngungsgemenge zwar mehr Kräuter- als Gräserpflanzen enthalten mußten, indem es sehr wichtig war, daß diese Gemenge den Boden möglichst schnell bedeckten, besonders in den Sommer- oder Brachgemengen; allein bei zu wenig Gräserpflanzen wurden sie nicht dicht genug.

In den Wintergemengen nahm ich das Verhältniß der Gräserpflanzen zu den Kräuterpflanzen = ... 1 : 3,
in den Sommergemengen = ... 1 : 4.

Bei einer gehörigen Ackerung und Gahre des Bodens, geschickter Saat auf frisch gepflügtem Lande, gewalzter Oberfläche und gutem Wetter waren fünf Körner zu viel, in den minder günstigen Fällen dagegen zu wenig, so daß ich für den Durchschnitt des Saamenbedarfs der Gründüngungsgemenge festsetzte und zwar pro Dec.-□Zoll **) . . . . 5 Körner,
d. i. im großen Durchschnitt nach Tafel III. und IV. auf 200 □Ruthen bei . . . . 10 Pfund.

---

*) Vergl. die zu Ende der Einrichtungskunst stehende Tabelle, woraus zu entnehmen ist, daß die schwersten Pfunde in Teutschland bei 11600 holl. Asse, die leichtesten bei 9700 holl. Asse betragen, und daß 1 Pfund Mittelgewicht = 10400 holländ. Asse 500 Grammen gleich ist.

**) Es ist sehr bequem und von großer Erleichterung, das landübliche Längenmaaß nach Weise der Preußischen Landvermessung — z. B. 1 Ruthe Rheinisch = 2 Klafter Oestr. — in 10 Fuß abzutheilen, und jeden dieser Decimal-Füße wiederum in 10 Zolle, welches sodann die 100 Decimal-Zolle der Ruthe sind, um solchergestalt die

Eben so viel setzte ich auch für die Verdichtung des Kleebaus zum 2—3jährigen Futter= oder Weidebau fest, nämlich pro 1 Decimal=□Zoll bei . . . . . . 5 Körner, d. i. im großen Durchschnitt aller dieser Pflanzenarten nach Tafel V. auf 200 □Ruthen bei . . . . 10 Pfund, weil in so kurzer Zeit und auf schwachem Boden ich es vortheilhafter fand, die Kräuter vorherrschen zu lassen, indem diese nicht so dicht als die Gräser der Kunstwiesen und Weiden stehen dürfen.

Für die 6jährigen Kunstwiesen aber nahm ich, nach den darüber in der Einrichtungskunst aufgestellten Grundsätzen — und weil sich die größere Saamenmenge durch den schon mehr bereicherten Boden, ehe diese Kunstwiesen und Weiden eintreten, als auch durch die 6jährige Dauer mehr bezahlt — pro Dec.=□Zoll, inclusive Nachsaat, an bei . . . . . . 10 Körner, d. i. nach Tafel V. auf 200 □Ruthen bei . . . 20 Pfund, für die 6jährigen Kunstweiden aber (nach Ausweis der Einrichtungskunst), inclusive Nachsaat, pro 1 Decimal=□Zoll bei . . . . 20 Körner, d. i. nach Tafel V. auf 200 □Ruthen bei . . 40 Pfund.

Um es daher anschaulich zu machen, wie wichtig es ist, für einen geringeren Saamenbedarf zu sorgen, indem man sich der feinkörnigen Gesäme mehr als der großkörnigen bedient, setze ich in der 4ten Colonne eine gleiche Anzahl Pfunde von jeder Pflanzenart an, nämlich für den bloßen Zweck der Vergleichung.

Gesäme auf ein zehntheiliges Quadratmaaß berechnen zu können. Es ist daher 1 □Ruthe Rhein. = 4 □Klafter Oestr. = 100 Dec.=Fuß = ... 10,000 Dec.=□Zoll,

1 Preußischer Morgen	= 100 □Ruthen	= 1,800,000	—	—
½ geogr. Feldmaaß	= 200 —	= 2,000,000	—	—
1 — —	= 400 —	= 4,000,000	—	—

welches das Oestreichische Joch ist.

Das Ungarische Joch hält 1200 □Klafter und ist also gleich ¼ geogr. Feldmaaß = ... 300 □Ruthen.

Der Böhmische Strich hält 800 □Klafter und ist also gleich ½ geogr. Feldmaaß = ... 200 □Ruthen, und so kann man jedes landübliche Feldmaaß, auf seinen Gehalt an Decimal=□Zollen reducirt, der Berechnung zum Grunde legen.

Hierdurch zeigen dann also die 5ten Colonnen an: wieviel gute Körner in dieser willkührlich angesetzten gleichen Anzahl Pfunde von jeder Pflanzenart enthalten sind.

Thut man nun dasselbe mit seinen den Sommer hindurch gewonnenen wirklichen Vorräthen, so ergiebt sich aus den angesetzten wirklich vorräthigen Pfunden die Anzahl der Körner; und dividirt man in die Summe der Pfunde die Anzahl der zu besäenden Morgen, so ergiebt sich: wieviel Pfunde auf den Morgen kommen. Um jedoch zu wissen, wieviel Körner auf 1 Decimal-□Zoll fallen werden, dividirt man dann die Summe der zu besäenden Decimal-□Zolle in die Summe der Körner.

So z. B. sind in den Uebersichten A. B. C. 100 halbe geogr. Feldmaaß à 200 □Ruthen Rheinisch oder 800 □Klafter Oestreichisch für die daselbst in einer gleichen Anzahl Pfunde aufgeführten Gemenge zum Grunde gelegt. Dividirt man also diese 100 Feldmaaß in die unten in diesen Tabellen stehende Totalsumme der Pfunde: so fallen auf einen solchen Morgen nur . . . . 10 Pfund Gesäme.

Diese 100 Feldmaaß oder Morgen von 200 □Ruthen halten aber 200 Millionen Dec.-□Zolle, und dividirt man diese in die unten stehende Totalsumme, z. B. die 996 Millionen Körner der Uebersicht A., so fallen auf 1 Dec.-□Zoll bei 5 Körner.

Eine gleiche Anzahl Pfunde kommt aber in der Wirklichkeit niemals vor, so daß ich also kaum zu wiederholen nöthig habe, daß die Uebersichten A. B. C. nur die Vergleichung beabsichtigen. Wenn man daher für die verschiedenen örtlichen Zufälle und Umstände so oder soviel Pfunde von dieser oder jener Pflanzenart anwenden, oder weglassen, oder vermehren, oder vermindern will, so hat man an dieser Methode den richtigsten Leisten, um die gehörige Anzahl von 5 guten Körnern auf den Dec.-□Zoll fallen zu lassen und dabei das richtige Verhältniß der Kräuter- und Gräser-Arten zu beobachten.

Es ersieht sich also auch nach diesem Leisten: daß, wollte man z. B. von dieser oder jener Pflanzenart auf den Dec.-□Zoll ein Korn fallen lassen, dazu nöthig wären auf 100 □Ruthen: von den Lupinen die ungeheure Saamenmenge von 1000 Pfd., von Wicken und Buchwaizen bei . . 100 —

vom Melilotus vulgaris nur . . . . . 5 Pfd.,
von den Amaranthen und dem Chenopodium album nur 1 —
von dem Beifuß (Artemisia vulgaris) nur . . $\frac{1}{5}$ —

Es erscheinen daher die Gesäme von 100 Körner in 1/1000 Pfund für die Gründüngungsgemenge schon zu theuer, geschweige die vielbelobten Lupinen.

Dabei ist nun zwar noch zu beachten, daß die größeren Saamenarten meistens auch mehr Bestaudungskraft besitzen, d. h. größere Pflanzen bilden. Allein es handelt sich für die Kraft der Gründüngungsgemenge um Vielartigkeit und Dichtigkeit, und dieses kann nur durch mehrere Pflanzen auf den □Zoll erreicht werden, folglich durch große und kleine Pflanzen durcheinander. Im Anhange findet man aber das verschiedene Verhalten der Gründüngungspflanzen bemerkt.

Wo ich mehr von den großkörnigen Gesämen anwenden mußte, weil die feinkörnigen nicht eben vorräthig waren, da waren denn nöthig auf 200 □Ruthen bei . . 15 — 20 Pfund, und wo sich die feinkörnigen Gesäme mehr zur Hand stellten, da bedurfte es oft nur auf 200 □Ruthen bei . . 2 — 5 Pfund.

Der Preis aber war in beiden Fällen ziemlich derselbe, als für 10 Pfund Gesäme à 3 Kreuzer = 1 Sgr., weil ich dann die großkörnigen gewöhnlich in größerer Menge vorfand, als die kleinkörnigen.

Einsammlung der Gesäme und deren Kosten.

§. 11.

Die mit einem Stern bezeichneten Pflanzenarten finden sich am häufigsten. An manchen Orten sind sie von so großer Menge, daß man von diesen oder jenen in einem Tage viele Fuhren abschneiden lassen kann. Auf manchen Vorwerken, Feldern, in Gebüschen, Schonungen, Wäldern, oder an den Zäunen und Gräben und in den Kartoffelgärten der Dörfer und Landstädte kann man von diesen oder jenen Pflanzenarten theils über 10 und theils über 100 Scheffel Saamen gewinnen.

Wer mit den wilden Pflanzen noch unbekannt ist, der achte nur auf diejenigen, welche sehr saamenreich und bei ihm häufig sind. Ob sie wuchern, kann er ja an der Wurzel sehen, und die Namen erhält er leicht von einem botanischen Bekannten, oder mittelst einer der vielen mit Abbildungen versehenen teutschen Floren. Und auf welchem Boden sie wachsen, sieht man ja auch.

Nichts aber ist leichter, als das Einsammeln dieser Gesäme durch die kleinen Leute. Man darf ihnen die Saamen nur zeigen, wenn sie eben reif sind, nämlich zuerst da, wo sie reichlich stehen, und ihnen fürs Pfund der kleinkörnigen Gesäme $\frac{3}{4}$— 1 Sgr., für die mittel= und großkörnigen $\frac{1}{2}$—$\frac{1}{4}$ Sgr., jedoch nicht am Ende der Woche, sondern gleich auf der Stelle, wenn sie die Saamen bringen, unverkürzt auszahlen; und es bringen dann die Kinder und Frauen, die jungen Leute und die Alten das wilde Gesäme von 2 Meilen im Umfange immer geschickter und reichlicher herbei. Sie machen das in ihren Nebenstunden und als Nebenarbeit, und es brachten mir einzelne Leute den Sommer über bis 4 und 5 Zentner ein. Nur muß man sehr darauf sehen, daß sie die frischen Gesäme nicht haben in den Säcken stehen lassen, so daß sie warm wurden oder modrig geworden sind, wo sie dann natürlich nicht mehr aufgehen.

§. 12.

Von den Wirthschaftern jedoch darf man die Leitung und Aufsicht über die Einsammlung und Ablieferung dieser Gesäme nicht verlangen, da sie ohnehin schon genug beladen sind. Diesen Gegenstand muß man auf getheilte Arbeit stellen und dazu noch die Einsammlung und Anzucht der Futter= und Weidegesäme zur Verdichtung des Kleebaus schlagen. Ich leitete für diese beiden Gegenstände von den Tagelöhnern und Bauersleuten solche junge Leute an, welche in der Gärtnerei einiges Geschick zeigten. Diese mußten dann wieder die Leute zur Einsammlung der verschiedenen Gesäme anlehren, die Saamen von ihnen in Empfang nehmen, sie trocknen, reinigen und aufbewahren, an die Wirthschaft fertig überliefern und für die Güte der Gesäme aufkommen. Dafür erhielten sie dann einen Ablieferungspreis, welchen ich für diejenigen Saamen, die mir am schätzbarsten und noch zu wenig vorhanden waren, höher stellte, bis sie reichlicher wurden.

Beide Preise, der der Einsammlung durch die Leute und der der Ablieferung, beliefen sich — nämlich im Durchschnitt der großkörnigen und der kleinkörnigen Gesäme, und weil ich durch die arbeitsparendste Leitung dafür sorgte — niemals höher als pro Pfund 3 Kreuzer = 1 Sgr.

§. 13.

Unter den wilden Gesämen der Lokalität, die sich zur Gründüngung eignen, befinden sich auch die zur Verdichtung des Kleebaus und zur Verbesserung der Wiesen und Weiden tauglichen Gräsergesäme, so daß sich also der verbesserte Futter- und Weidebau in aller Hinsicht durch diese Gründüngungsgemenge erzieht, — theils nämlich durch die Gesäme derselben, weil deren einige auch zur Verdichtung der Gründüngungsgemenge taugen, — theils durch die Vermehrung und die vielstoffigere Bereicherung der Bodenkraft, die sie für den verbesserten Futter- und Weidebau bewirken, indem ich fand, daß auch die stärksten Mistdüngungen keine so guten 6jährigen Kunstwiesen machen, als wenn sie auch auf Gründüngungsgemenge gebaut wurden.

So ward mir die Gründüngung zur Mutter der Wechselwiesen und der Wechselweiden, für die ich insbesondere den sehr weiten Park zu Korompa einrichtete.

Die Uebersicht der von mir daselbst angewendeten Gräser- und Kräuterarten findet man in der Tabelle V., Uebersicht C. Es geht aus dieser Tabelle hervor: daß man ihrer, der klein- und großkörnigen, für den 2—3jährigen Futter- und Weidebau (vergl. §. 10.), auf das halbe geogr. Feldm. à 200 □Ruthen Rheinisch durchschnittlich auch nicht mehr bedarf als bei 10 Pfd.; auch war der Einsammlungs-, Anzuchts- und Ablieferungspreis ebenfalls im Durchschnitt der Massen nicht größer, als pro Pfd. 3 Kreuzer.

§. 14.

Manche Landwirthe beklagen sich zwar, daß der wilde Saamen-Vorrath ihrer Lokalität bald abgesammelt sey, allein es findet sich davon noch immer genug vor und man braucht nur die Leute dazu anzuhalten, daß sie aufmerksamer und sorglicher einsammeln, wofür sie freilich dann auch ordentlich und angemessen gelohnt werden müssen.

Einige Lokalitäten, besonders die schutzlosen, haben allerdings eine weit ärmere Flora, als andere; es kommt aber dennoch viel zusammen, wenn man nur auf das, was da ist, achtet, gleich im Frühjahr, wenn der Kälberkropf und die Poa trivialis reifen, beginnt und erst im Winter, wenn der Beifuß und der Eisenhederich reifen, endet. Wo aber die Lokalität wirklich sehr pflanzenleer ist, da mag man nur an dem Wenigen, was da ist, die Leute des Orts zum Einsammeln anlehren und ihnen richtig und pünktlich bezahlen, und sie werden dann sehr bald alles vorfindige Gesäme der Umgegend einbringen.

Wo das eingesammelte Wild-Gesäme nicht zureichte, da versetzte ich die „Brachgemenge" mit den Unkrautgesämen der Scheunenabfälle der Bauern, die an manchen Orten sehr beträchtlich sind und nutzlos weggeworfen werden. Sie bestehen aus Hederich, Raden, Melden, Kornblumen, Feldmohn, Leindotter, Spörgel, Trespen, Windhalm u. s. w. Den „Auffaatgemengen" setzte ich Rapps und Winterrübsen, Rothklee und Weißklee zu und verdichtete sie durch meine in besonderen Schulen reichlich gezogenen Futter- und Weidegräser, so wie auch durch die Heusaamen der Scheuern.

Zu solchen G r ä s e r s c h u l e n habe ich im 2ten Heft der Allgem. Gutsherrnzeitung und zu der eigenen lokalen Anzucht der vornehmsten wilden Gründüngungspflanzen bereits im §. 6. dieser Abhandlung Anleitung gegeben.

Es ist also überall sehr leicht, die Gemenge dieser Gründüngung aus 10 bis 20 Pflanzenarten zusammen zu setzen, wodurch sie sowohl k r a f t v o l l e r werden, als auch am l e i c h t e s t e n a n z u w e n d e n sind; und je mehrere dieser Pflanzenarten man sich zur Hand stellt, je leichter ist es, ein Gemenge ihrer Gesäme zusammen zu bringen.

B e h a n d l u n g s w e i s e n.

§. 15.

Die Saamenarten der W i n t e r - A u f f a a t g e m e n g e that ich, groß- und kleinkörnige, zusammen, mengte sie aber stark mit feuchtem Sande, damit sie beim Aussäen wohl vertheilt aus einander fallen können, und sorgte überhaupt für ein geschicktes, durchaus gleichmäßiges Säen. Mit dem besten einmaligen Säen aber war es dennoch nicht möglich, die Vertheilung so gut zu treffen, daß ein jeder Decimal-□Zoll seine gehörige Anzahl Körner erhalten hätte; daher ließ ich die Fläche zweimal übersäen und zwar das zweite Mal die erste Säung durchkreuzend, wodurch dann der Erfolg besser wurde.

In den Sommer-Aufsaatgemengen säete ich die großkörnigen Gesäme mit dem Hafer, oder der Gerste, oder den Erbsen, oder dem Buchwaizen aus; eggte sie ein und säete darauf die feinkörnigen in der Queere darüber, welche dann nur bloß eingewalzt wurden.

In den Stoppel- und in den Brachgemengen theilte ich die großkörnigen Saamen ebenfalls von den mittel- und feinkörnigen zu 2 Mengungen ab, säete die ersteren voraus und ließ sie eineggen, und darauf die andern darüber, wie oben, einwalzen.

§. 16.

Das Einwalzen der Saat ist für die feinen Gesäme und demnächst für das gleiche Auflaufen der Gründüngungsgemenge durchaus unentbehrlich. Blos durch das Unterlassen derselben kann man den Erfolg sehr schmälern.

Vor, oder nach einem Regen, oder, da man dies nicht immer abpassen kann, sogleich auf die frische Furche zu säen, befördert das Auflaufen ebenfalls, und es ist daher auch dieses unentbehrlich. Ebenso auch, daß die Wintergemenge je eher je lieber, im December oder Januar, auf den nassen Schnee gesäet werden, damit sie gleich beim Beginnen des Frühjahrs auflaufen können; denn auf trockenem Schnee werden sie, sammt diesem, vom Winde entführt.

In manchen Jahren und auf schutzlosen Stellen fand ich den früh aufgelaufenen Melilotus der Wintergemenge, oder den zu spät im Herbst in den Stoppelgemengen gesäeten erfroren. Dies trifft aber im Grunde alle Kleearten, so lange sie noch in den Saamenlappen (Cotyledones) stehen, und man muß sie dann also nachsäen, da man ihretwegen das Wintergemenge nicht zu spät gegen das Frühjahr säen darf, indem viele Saamenarten darunter sind, die das Schneewasser recht lange maceriren und in die Erde spülen muß, damit sie gleich im Frühling auflaufen, zumal sie nur aufgesäet werden.

§. 17.

Auf schwerem thonigem Boden mißriethen mir auch die Gemenge, wenn ich die kleinkörnigen Gesäme im Uebergewicht eingemengt hatte; denn je kleinkörniger die Gesäme sind, je feinere Krume des Bodens verlangen sie. Auf diesen Böden ließ ich dann vor allen den Melilotus vulgaris Willd, die Bärenklau, die Pastinak, die größern Ampferarten, die Weberdistel, den Waid u. dergl. starkwurzliche und breitblättrige Kräuter vorherrschen, um den schweren Boden zu durchbohren und zu beschatten, damit die kleinkörnigen Gesäme in ihrem Schutze gedeihen konnten.

Auf leichtem oder dürrem Boden brannten mir die zu Johanni gesäeten Brachgemenge zum öftern aus, oder wurden doch nicht kräftig genug. Im Herbste aber, in der gestürzten Stoppel, oder im Winter, als Aussaat im Roggen auf dem nassen Schnee, geriethen mir folgende Pflanzengemenge allezeit sehr gut, selbst auf dem dürrsten Sande, nämlich: Oenothera biennis, Crepis biennis, Verbascum Thapsus et Lychnitis, Artemisia campestris et vulgaris, Achillea millefolium, Tanacetum vulgare, dann die Winter-Raufen und die Winter-Hederiche, verdichtet durch Acra canescens, Agrostis capillaris et vulgaris, Festuca ovina et rubra, Bromus arvensis et tectorum, Holcus lanatus u. s. w.

§. 18.

Zum guten Einpflügen der Krautmasse ist es allemal nöthig, daß man diese in der Richtung der Furchen niederwalzt, weil das Kraut sonst nicht gut unterzupflügen ist, sondern furchenweise aus der Erde heraussteht. Je höher die Krautmasse ist, je nöthiger ist dieses Niederwalzen, und es kann dann selbst über 1 Fuß hoch seyn, obschon ein dicht gesäetes Gemenge selten so hoch wird.

Auch gelagert darf die Krautmasse nicht seyn, weil sie sich sonst wirrt, durch die Pflugfurche nicht mehr getheilt ist, aus dem niedergewalzten Zustande wiederum sich aufreißt und dann aus der Erde furchenweise heraussteht.

§. 19.

Für ein tieferes Einpflügen der Krautmasse, oder ein Unterrajolen derselben — wie Freiherr v. Voght vorschlägt — kann ich nicht stimmen, weil sie in diesem Falle aus Mangel an Luft und Wärme verstocken und nicht düngen würde, da ihre Gährung verhindert ist und auch weniger oder gar nicht von der Feldfrucht aufgesogen werden kann.

Es ist zwar sehr wichtig, daß der Boden möglichst tief von dem Moder durchdrungen werde, weil der Moder den Lufteindrang und die Luftzersetzung mehrt; solches wird jedoch schon durch das Gewurzel dieser Gemenge erreicht, indem das Gewurzel einiger Kräuterarten sehr tief eindringt, besonders in den 6jährigen Weide- und Mähgras-Gemengen, und vorzüglich, wenn der Boden — hinter dem gewöhnlichen Pfluge — mit dem eisernen Höhlpfluge (mineur) zum öftern gehöhlt wird. Auch bleiben die schwer zersetzlichen Bestandtheile der Pflanzen als Moder (Humus) in dem Boden zurück.

§. 20.

Es ist allerdings besser, wenn man sogleich auf die frisch eingeackerte Krautmasse die Folgefrucht anbauen kann; auf schwerem Boden ist dieses aber nicht sogleich möglich, da dieser erst nach mehrmals wiederholter Schwängerung mit solchen Krautmassen gar und mürbe genug wird, um ihn einfährig auf die Gründüngung bestellen zu können. Bis dahin aber verliert die Gründüngung auf solchen Böden auch weit weniger Kraft, wenn man sie mehrmals bis zur Bestellung der Folgefrucht durchpflügen muß, weil diese Böden kälter und bindiger, als die leichten Böden sind und daher nicht so viel Kraft, als diese, verdampfen.

Kraftvermehrung des Bodens durch diese Gründüngungsgemenge.

§. 21.

Auf der Dichtigkeit und Vielartigkeit dieser Pflanzengemenge beruht die Verbesserung der Gründüngung. Je dichter und vielartiger man sie zusammensetzt, desto kraftvoller wirken sie, weil jede Pflanzenart eine andere Aneignung und Verbindung der Stoffe übt und andere Blatt-, Stengel- und Wurzelformen dazu hat, so daß die einen aufnehmen, was die andern ausscheiden und ausdünsten, daher sie eine sehr dicht in einander gewachsene Kraut- und Wurzelmasse bilden — aus chemischen und mechanischen Ursachen zugleich.

Erstere, die Dichtigkeit, untersuchte ich durch das Gewicht der auf 1 Decimal-□Fuß gewachsenen Kraut- und Wurzelmasse. Es ergab sich, daß, wenn auch das Gemenge nur ein Paar Zoll hoch ward — nämlich der trockenen Witterung wegen, oder weil es wegen Kürze der Zeit vor dem Einpflügen nicht auswachsen konnte, — es doch recht dicht und gleichmäßig stand und im Durchschnitt auf den Dec.-□Fuß bei 1/4 Pfund Tgw. betrug.

Es enthält aber 1/4 Pfund unsers angenommenen Mittelgewichtes circa 2000 Gran Preußisch Apothekergewicht, und 1 Decimal-□Fuß enthält 100 Decimal-Zolle, mithin müssen im Durchschnitt auf jedem Decimal-□Zoll bei 20 Gran Tgw. Pflanzenmasse, sammt Gewurzel, stehen. Dies ward nun eben durch die Vielartigkeit der Pflanzengemenge erreicht, welche ihren dichtern Stand möglich machte, und ich erhielt daher im Durchschnitt sehr leicht über 20 Gran auf dem Decimal-□Zoll — nämlich durch fünf kleine, 1—2 Zoll hohe Pflänzchen bis zu einer Pflanze von 5—6 Zoll hoch. Und dies war bei guter Ackerung und geschickter, wohl vertheilter, gleichmäßiger Saat sehr leicht, auch bei jeder Witterung zu bewirken. Da ich nun aber 1/4 Pfund Tgw. auf jeden Dec.-□Fuß annehmen konnte, so beträgt dies auf 100 □Ruthen, = 10,000 Decimal-□Fuß, bei . . . . 25 Zentner Tgw.

Hiervon war die Wirkung eben so groß, als auf der daneben liegenden, pro 100 □Ruthen mit 50 Ztr. gutem Stallmist gedüngten Brache. Waren jedoch die Witterung und sonstigen Umstände günstiger, so daß das Gemenge höher und dichter wachsen konnte, so war die Wirkung auch weit größer.

Dies erklärt sich zum Theil daraus, daß das Krautgemenge in seinem grünen und saftigen Zustande eingeackert ward, wo es eben die größte Einsaugungsfähigkeit in Bezug auf die Luftstoffe übte und daher noch weit weniger aus dem Boden zog, als es die reifen Pflanzen thun; sodann aber auch daraus, daß es, seiner vielartigeren Pflanzenstoffe wegen, mit seinen gährenden Säften und seiner noch weichen, leicht zersetzlichen Holzfaser die fruchtbarsten Luftzersetzungen und die vielstoffigsten Verbindungen der Gasarten, Säuren, Salze und Erden in dem Boden bewirkte.

§. 22.

Wenn ich die halbgedüngte Brache nur mit einer Pflanzenart besäete, z. B. mit Spörgel, so war die Wirkung so groß, als auf der daneben liegenden ganz gedüngten Brache. Besäete ich aber die halb gedüngte Brache mit einem vielartigen Gemenge, so war die Wirkung 2—3mal größer, als auf der ganz gedüngten Brache daneben.

Dieser wichtige Erfolg scheint mir einestheils aus der größern Aneignungskraft des vielartigen Pflanzengemenges in Bezug auf die Atmosphärilien, anderntheils aus der größern Anziehung und Luftzersetzung in dem Boden während der Gährung des Gemenges herzurühren — abgesehen von der größern Pflanzenmasse, welche das vielartige Gemenge giebt. Die Dichtigkeit und Vielartigkeit eines gut gerathenen, einfährig eingeackerten und sogleich mit der Folgefrucht besäeten Gründüngungsgemenges erzeugt also jederzeit eine größere Dungkraft im Boden, als er an sich selbst hatte. Wo man z. B. an alter und neuer Dungkraft im Boden veranschlagen kann . 100 Ztr. Mistkraft, da schafft die vielartige Gründüngung doppelt so viel hinzu = ... 200 — —

und der Bestand ist nun bei . . . . 300 Ztr. Mistkraft.

Im Durchschnitt der Fälle und der Witterung kann man allezeit mit der größten Sicherheit das Gleiche der in dem Boden befindlichen Kraft veranschlagen, nämlich auf den Bestand von 100 Ztr. Mistkraft

die verbesserte Gründüngung zu . . . . 100 — —

zusammen . 200 Ztr. Mistkraft,

und dieses Anschlags werde ich mich in dieser Schrift bedienen.

Dieser Erfolg ist in allen Fällen, außer der Aussaat im

Getraide, auzuschlagen — nämlich nach Kartoffeln im Herbste und im Frühjahre vor der kleinen Gerste — auf der Wende- und Hackfahre, auf der halb gedüngten Brache zu Johanni, so wie auch auf den gestürzten Getraidestoppeln. (Vergl. §. 7. 8.)

§. 23.

In der Aufsaat im Getraide dagegen nehmen die Früchte dem Gründüngungsgemenge die Kraft vorweg und drükken dasselbe auch durch die Beschattung. Ich fand zwar, daß die Aufsaatgründüngung, wenn sie gut stand, eine eben so gute Sommerung gab, als die daneben zum comparativen Versuche mit Mist gedüngten Hafer- und Gersten-Stücke, daher jene die von der Winter- oder Sommerfrucht (welcher sie aufgesäet war) ausgezogene Kraft ganz offenbar wieder ersetzt hatte; allein ich will zur Sicherheit des Anschlags doch nur 1/3 statt 1/2 des Bestandes annehmen, wodurch die Aufsaatgründüngung nach der Winterung die Bodenkraft vermehrt.

Gesetzt, das halbe geogr. Feldmaaß, à 200 □Ruthen Rhein., gehe nur mit einer alten und neuen Mistkraft aus der Brache zur Winterung, also z. B. mit . . . . . 150 Ztr. Mistkraft,

die Winterung ziehe aus	75	
und die ihr aufgesäete Gründüngung gebe wieder bei 1/3 = . . .	50	
so ist die Ausziehung nur		25 — —
und es verbleiben .		125 Ztr. Mistkraft.
Die Sommerung ziehe aus . . .	60	
Klee, oder Weide, oder Gründüngung geben wieder	40	
so ist die Ausziehung nur		20 — —
und es verbleiben .		105 Ztr. Mistkraft.

Ohne Gründüngung dagegen:

Die Brache wie oben = ...		150
Die Winterung ziehe aus .	75	
deren Stoppelweide giebt höchstens nur wieder	10	
so ist die Ausziehung		65
verbleiben .		85

Transport .	85	105 Ztr. Mistkraft.
Die Sommerung ziehe aus . . .	40	
verbleiben .	45	
Klee oder Weide, verfuttert, wie auch die Dreeschdüngung, geben wieder	20	
verbleiben nur . .		65 — —
So wird durch die Gründüngung an Bodenkraft gewonnen		40 Ztr. Mistkraft,
und an Mehrertrag in der Sommerung (40 ÷ 60)		20 — —
Gewinn durch die Gründüngung zusammen		60 Ztr. Mistkraft.

Diesen Ertrag erhielt ich in den meisten Fällen von der Aufsaatgründüngung, nämlich eine doppelt bessere Sommerung und eine um 1/3 größere Bodenkraft für die Brache des 4ten Jahres.

So z. B. kam zu dem obigen Bestande von	60 Ztr. Mistkraft
im 4ten Jahre die übliche Mistdüngung von	150 — —
macht zusammen . .	210 Ztr. Mistkraft,
und hierzu fügte die Brachgründüngung, obigen gesicherten Erweisen nach, ...	210 — —
macht .	420 Ztr. Mistkraft,

mithin wär der Ertrag des 5ten Jahres weit über das Doppelte gesteigert, und man muß nun dünner säen, um bei dieser Kraft die Lagerung zu meiden.

§. 24.

Will man von dieser einfachen Berechnung — deren umständliche Entwickelung ich in der Einrichtungskunst nachzusehen bitten muß — die Verhältnisse zu Korn und Stroh wissen, so sind sie folgende: die Ausziehung = 75 Ztr. Mistkraft würde auf Marschboden die Hälfte Trockengewicht Getraide geben, also circa bei . . . . 36 Ztr. Tgw. auf schwachen Mittelböden, wie der obige nur seyn kann; es ist jedoch für die Verdampfung der Schutzlosigkeit und des Bodengemenges selbst 1/3 abzuziehen, also nur ein Ertrag anzunehmen = ... 24 Ztr. Tgw.; hierin verhält sich das Korn zum Stroh der Winterung höchstens wie 1 zu 3, macht . . . . 8 Ztr. Korn oder bei 8 Berliner Scheffel Roggen auf die 200 □Ruthen gedüngter Brache eines schwachen Mittelbodens.

§. 25.

Säet man eine Gründüngung in die Winterstoppel der obigen Bodenkraft, oder nach den zeitig abgeraumten Kartoffeln im Herbste, oder im Frühjahre vor der kleinen Gerste — nämlich auf die in dem Beispiel §. 23. übrig gebliebenen

	85 Ztr.	Mistkraft,
so beträgt sie, nach obigen Erweisen ihrer Dichtigkeit und Vielartigkeit, bei	85 —	—
macht . .	170 —	—
die Sommerung zieht aus	80 —	—
verbleiben . .	90 —	—
Klee und Weide verfüttert, geben wieder, sammt der Dreeschdüngung, bei . . .	40 —	—
Bestand . .	130 Ztr.	Mistkraft,

mithin ist in jedem dieser Fälle ihrer Anwendung der Ertrag der Sommerung und des Klees verdoppelt, und auch der Bestand der Bodenkraft. Denn die Sommerung zog ohne Gründüngung (siehe oben § 23.) nur aus bei 40 Ztr., der Klee gab nur 20 Zentner Mistkraft und hinterließ nur einen Kraftbestand von 65 Zentner Mistkraft, wogegen das obige Beispiel das Doppelte ergiebt.

Bringt man aber eine Gründüngung in die Sommerung, anstatt der Kleeeinsaat, z. B. dünn gesäete Erbsen, Wicken, Bohnen, Buchwaizen u. s. w., so hat sie zwar nur die schon oben, mit und ohne Auffaatgründüngung der Winterung (§. 23.), angezeigte Wirkung; allein es ist dies doch immer besser, als die Früchte leer zu lassen. Und bestreut man die Wende- und Hackfurchen der Brachen auch nur leicht mit einigen Pfunden Gesäme pro Morgen, so daß auch nur die Wirkung von einem Paar Fuder Mist pro Morgen dadurch vermehrt wird, so ist es doch weit besser, als den Boden nutzlos seine Kraft verdampfen zu lassen. Denn den Vortheil des Lufteindrangs und der Luftzersetzung erhält er in den geeggten, leicht besäeten und begrünten Wende- und Hackfahren weit mehr, als ohne diese stärkere Begrünung. Dies habe ich oft genug auf oben angezeigte Weise verglichen, indem ich nämlich von den verschiedensten Stellen der schwächsten und der stärksten Begrünung der Brachen das Trockengewicht der Kraut- und Wurzelmasse eines Decimal-□Fußes wog, auf eine Anzahl □Ruthen oder Feldmaaße nach dem Durchschnitt abschätzte und darnach den Roggen beobachtete.

Mürbung und Gahre des Bodens durch diese Gründüngungsgemenge.

§. 26.

Doch nicht blos auf eine weit naturgemäßere Weise den Boden düngend wirkten diese untergeackerten vielartigen Grünkrautmassen ein, sondern auch gewissermaßen ackernd. Denn man kann durch die häufigsten Ackerungen keinen mürbern und lockerern, folglich gahrern Boden bereiten, als er sich nach einem solchen dichten vielartigen Gemenge darstellt. Er ist ganz von Wurzeln durchwachsen, die von einigen Pflanzenarten sehr tief eindringen und, sammt der untergepflügten Krautmasse, sogleich in Gährung übergehen, folglich den Boden erwärmen und blähen, die Luftzersetzung befördern und den Pflanzenmoder so innig vertheilen, als es 1000 Hände durch die Mistdüngung nicht im Stande sind, da solche immer klumpig fällt. Die allerstrengsten Thonböden werden von den Wurzeln des Melilotus, der Pastinak, der Ampfer- und anderer Pflanzenarten mehr tief durchbohrt und, nach ein Paarmal wiederholter Gründüngung mit diesen kurzen dichten Krautmassen, weit bröcklicher und milder, als zuvor. Man erspart auf den schweren, strengen Böden:

von 5 Ackerungen . . . . . . zwei

und das Eggen wird erleichtert; auf den leichteren Böden aber erspart man:

von 2 Ackerungen . . . . . . eine,

weil man gleich auf die einfährig gestürzte Krautmasse die Folgefrucht säen kann.

Reinigung des Bodens durch die Gründüngung.

§. 27.

Ferner auch fand ich, daß die Dichtigkeit und Vielartigkeit dieser Gründüngungsgemenge in mehr als einer Hinsicht reinigend auf den Boden einwirke. Denn nicht bloß sich selbst halten diese Gemenge in Zaum, indem sie durch das dichte Gedränge ihrer Pflanzenarten die einzelnen schneller wachsenden aufzuschießen verhindern; sondern auch die gewöhnlichen, in dem Boden steckenden Unkräuter werden an ihrem Aufschießen verhindert und entweder erstickt, oder doch durch die Dichtigkeit niedergehalten.

§. 28.

Die Quecken unter andern, welche man in feuchten Sommern durch die mühsamste Brache nicht zum Absterben bringen kann, werden gerade dann durch den dichteren schattigen Schluß der breitblättrigen Pflanzenarten des Gemenges erstickt. Dies erfahren freilich auch mehrere andere Gräser- und Kräuterarten dieser Gemenge selbst, indem sie unter dem Schatten der breitblättrigen Pflanzen absterben; doch daran ist nichts gelegen, da sie im Auflaufen den Schluß der Gemenge bilden helfen.

§. 29.

Auch erfuhr ich, daß, je mehr in dem Boden mittelst öfterer Einackerung dieser vielartigen Pflanzendüngung ein vollkommnerer Bodensaft unterhalten wird, desto mehr auch gewisse Unkräuter und selbst das Ungeziefer, nämlich das Gewürm und die Insektenlarven, z. B. der Maikäfer, ja sogar die Schnecken und die Mäuse abgehalten werden; und es zeigte sich dies insonderheit an einigen Stellen, die ich öfter, als andere, auf jene Weise behandelt hatte, in Vergleichung gegen die daneben gelegenen von Engerlingen und Mäusen bedrängten Bauerfelder.

Dafür dürfte auch die Erfahrung sprechen, daß mehrere Unkräuter, z. B. die Wucherblume (Chrysanthemum segetum), der Schachtelhalm (Equisetum), die Seggen (Carices) u. a. m. vergehen, sobald der Boden durch das Mergeln zu einem grö=

ßern Kalkgehalte gelangt, — daß Rost und Brand, Mehlthau und Mutterkorn aus der bloßen Mistdüngung entstehen, dagegen viel weniger in einem pflanzendüngungsreichen Boden vorkommen, — daß die grauen Schnecken und auch anderes Gewürm ohne Horndecken, nach der Beobachtung Sprengel's, augenblicklich sterben, wenn sie von dem kleinsten Körnchen Eisenvitriol berührt werden, womit man den Acker bestreuet, — und daß die Mäuse, welche von den Misttheilen und den milderen Pflanzenwurzeln leben, daher z. B. auch auf überdüngten Kleefeldern und süßen Wiesen sich rasch vermehren, durch diese oder jene ihnen widerlichen, stark riechenden und scharfsaftigen Pflanzen vertrieben werden.

In diesen Gründüngungsgemengen kommen nun aber der giftigen und der scharfsaftigen Pflanzen genug vor, so daß sie mit den Bestandtheilen der mildsaftigeren Pflanzenarten einen so vollkommenen Bodensaft zu bilden vermögen, daß derselbe eben sowohl der Ernährung der Feldfrüchte zuträglich, als der Vermehrung des Ungeziefers hinderlich seyn wird. Denn wenn man die Forschung Sprengel's fortsetzt, nämlich untersucht, welche Educte der Pflanzen diesem oder jenem dem Landbau lästigen Ungeziefer zuwider oder tödtlich sind, und die Pflanzen, in denen man einen solchen Bestandtheil am stärksten vorfindet, den Gründüngungsgemengen zusetzt, so dürfte der Ackerbau darin das Mittel finden können, sich von dem Ungeziefer mehr als bisher zu befreien.

Staatswirthschaftliche Vortheile der verbesserten Gründüngung.

§. 30.

Vorzüglich setzte ich den allgemeinen Vortheil, den die verbesserte Gründüngung gewähren müsse, zwar nur darin: daß sie der natürlichste, wohlfeilste und überall anwendbare Hebel der Bodenkraftmehrung werde; allein ich sah auch ein, daß sie eben hierdurch den mechanischen Zustand der landwirthschaftlichen Einrichtungen aufheben werde, indem sie nicht sowohl eine plötzliche Veränderung der bestehenden Feldereintheilung nöthig macht, als vielmehr dieselbe, wiewohl aus ganz anderm Grunde und zu ganz anderm Zwecke, als sie heute noch bewirkt wird, allmählig herbeiführt.

Die heutigen Felderveränderungen geschehen bekanntlich von der Dreifelder= zur Schlagwirthschaft hinüber, und zwar aus dem Mangel an Ertrag= und Rentemehrung, etwas besseren Weide= und Kleebaues wegen, sonach aber eigentlich nur aus Noth und Ziellosigkeit. Die verbesserte Gründüngung dagegen treibt den Landwirth — wie ich im Obigen (§. 21—25.) zeigte — zu einer veränderten Feldereintheilung aus dem Ueberschusse an Ertrag= und Rentemehrung, daher mit Vorschüssen versehen, die er aus seinem Boden selbst gezogen.

Zu gleicher Zeit macht sie ihm ein vollkommneres Einrichtungsziel seines Gutes klar, indem sie die Mutter seines Gräserbaues und daher der vortrefflichsten Wechselwiesen und Wechselweiden wird, von welchen es nur noch einen Schritt zu der steigenden Mengung und Schützung des Bodens hat, deren Erklärung ich in der Einrichtungskunst nachzusehen bitten muß. (§. 501—800 daselbst.)

Die staatswirthschaftlichen Vortheile der verbesserten Gründüngung beruhen also auf folgenden Leistungen:

I. Daß sie den Boden durch seine eigenen Unkräuter fruchtbarer macht.

In dieser Eigenschaft ist sie überall, in jeder Wirthschaft und unverzüglich anwendbar, — gleichviel, ob die Felder beisammen liegen, oder ob sie nach allen Winden zerstreut sind — ob sie nahe, oder entfernt, oder verschoben liegen u. s. w. — indem ein Paar Säcke voll Gesäme einen weit leichtern Transport, als die Düngerfuhren, verursachen und als selbst das Hürden der Schaafe, dessen man sich bis jetzt nur für die Düngung der entlegenen Felder bedient, gewähren kann.

II. Daß sie die Wirthschaft durch ihre eigenen Gesäme zu einem natur= und wirthschaftgemäßeren Futter= und Weidebau hinüberführt.

Denn in den wilden Gesämen finden sich fast jeden Orts die vornehmsten Wiesen= und Weide=Gräser vor; die übrigen sind leicht anzuschaffen, und die Gründüngung selbst giebt die nöthige vielsaftigere Bodenkraft zu der 6jährigen Be=

gründung der Wechselwiesen und Weiden her, die seit 30 Jahren bekanntlich nicht gelingen wollte.

III. Daß sie die Grundstücke durch sich selbst tauschbarer macht, indem sie dieselben fruchtbarer macht.

Denn jedes Stückchen Feld, so entlegen oder so unfruchtbar es auch seyn mag, kann durch die verbesserte Gründüngung für eine jede Folgefrucht brauchbar, mithin werthvoller und daher zu allen nachbarlichen Austauschungen, Zusammenlegungen und Abrundungen der Felder um ihre Höfe geeigneter gemacht werden.

Ueber die Einführung der verbesserten Gründüngung.

§. 31.

Bei allen diesen freien Entwickelungen, welche die verbesserte Gründüngung dem Landbau zu leisten vermag, ist sie doch nicht so leicht, als vormals der einfache Kleebau, einzuführen.

Auf mehreren Gütern, wo ich sie in den Gang gebracht, ging sie mit dem aus ihr hervorgegangenen verbesserten Futter- und Weidebau wieder ein, weil — die mit Mühe eingelehrten Leute wechselten, da sie ihre Lage sehr verbessern konnten.

Auf anderen Gütern hat man zwar mit ihr begonnen, allein, nach alter gewohnter Weise, nur mit einzelnen Pflanzenarten derselben, oder aber mit zuviel Beirrung, und nicht, wie es mit ihrer Saamengewinnung durchaus geschehen muß, auf Theilung der Arbeit.

§. 32.

Es ist überhaupt eine merkwürdige Erscheinung im Landbau, daß er so lange undankbar bleibt, als man nicht einen Theil des Gewonnenen in seinen Leuten wieder anlegt. Hievon ist man zwar, im Allgemeinen genommen, noch sehr weit entfernt, allein es wird am Ende doch nicht anders durchzukommen seyn.

Die Einen verwechseln unaufhörlich das Können mit dem Kennen. Sie sagen: „Wenn nur der Herr will und die Sache kennt, so müssen es auch seine Leute thun und wollen!“ Das kommt mir so vor, als wenn Einer sagte: „Es ist besser mit Wildfängen kutschiren, als mit eingefahrenen Pferden.“

Andere verwechseln den Glauben mit der Liebe, indem sie zwar gute Leute wollen, allein nur darum, um sie desto leichter zu scheren. Wer nun durch Zufall so einen guten Menschen erhält, der preis't sich glücklich, kommt aber eben um nichts weiter in seiner Wirthschaft. Und wer an seinen Leuten zuviel mäkelt, muß oft neue Gesichter sehen.

Es ist eine allgemeine Klage, daß das Landvolk so schlecht und ungeschickt ist. Wer hat es aber so dumm und schlecht gemacht? — Muß man also seine Leute am Ende doch für seine örtlichen Umstände und Rücksichten zu einem vortheilhafteren Zustand einlehren, so ist die Frage: ob es denn etwas Nützlicheres und Bequemeres geben kann, als sie so zu beantheilen, daß sie gern im Gute bleiben? —

§. 33.

In dem Ausführungsantheil liegt eine unermeßliche Kraftentwickelung verborgen, und durch jede echt landwirthschaftliche Vervollkommnung wird man zu dieser Quelle hingewiesen. In der verbesserten Gründüngung eröffnet sich diese Quelle. Jeder Landwirth, so eifrig er die Einsammlung dieser Gesäme auch durch die kleinen Leute seines Orts betreiben mag, findet doch am Ende zu viel Belästigung für die Wirthschaft darin. Er wird also schlechterdings genöthigt, dieses Geschäft auf irgend ein für die Gärtnerei geschicktes Subjekt zu übertragen, welches der Wirthschaft (wie schon oben §. 11. berührt wurde) die ganzen Gesäme fertig überliefert. Diesem Gärtner wird er also — noch größerer Erleichterung der Sache wegen — den bemerkten lokalen „Ablieferungspreis" so stellen müssen, daß Mann und Sache Vortheil davon haben. Dieser Ablieferungspreis ist aber noch kein Ausführungsantheil, sondern nur ein modificirtes Tagelohn. Der Ausführungsantheil ist der durch doppelte Buchhaltung ausgewiesene Antheil, welchen jeder Einzelne des ganzen Wirthschaftspersonals an der Reinertragmehrung des ganzen Gutes hat; und die richtige Bewilligung dieses Antheils an der Rentemehrung des Gutes macht, daß Alle für Einen, Einer für Alle dahin streben und sorgen, daß wohlfeiler produzirt werde — auch in Rücksicht des Ablieferungs-, Anzuchts- und Einsammlungspreises der Gründüngungsgesäme.

Diese Unterscheidung des Ausführungsantheils von dem Stücklohn sey hier also noch einmal bemerkt, da die verbesserte Gründüngung zu beiden hinüberführt.

§. 34.

Jeder Landwirth, welcher das Geschäft der localen Einsammlung und Anzucht der Gründüngungs- und der Futter- und Weidebau-Gesäme auf diese Theilung der Arbeit gründet, eröffnet sich und seiner Umgegend ein sehr lohnendes und ehrenvolles Feld. Er verschafft den kleinen Leuten seiner Umgegend einen Erwerb, den sie vorher nicht hatten; durch dieselben werden die Gesäme allen kleinen und großen Landwirthen immer mehr zugeführt, da sie in den Händen der kleinen Landleute sich zum Handelsgegenstande ausbilden dürften, indessen der Landwirth seine eigene Wirthschaft zu einer Industrie erhebt, deren Folgen und Entwickelungen unabsehbar nützlich sind.

§. 35.

Ob ein Landwirth nur mit einem Paar Morgen, oder mit dem 1/10 seiner Wirthschaftsfläche in die verbesserte Gründüngung übergeht, immer wird die Veranschlagung des Uebergangs dazu nützlich werden können.

Eingeführt kann die Sache allerdings nur von einzelnen Landwirthen werden; es bleibt aber die Frage: wohin sie führt? und der Mühe werth, den Lauf der Erfolge zu übersehen, den sie nehmen kann.

Darüber gerathen nun zwar Diese und Jene alsobald in Harnisch, allein warum? weil sie sich verspätet haben und unsere Aufgabe gar nicht verstehen, die ja offenbar nur als Organisation durch Plan und Veranschlagung nützen und wirken kann; wie denn überhaupt der eigentliche Werth aller und jeder natur- und wirthschaftsgemäßen Vervollkommnungen nur in den erfahrungsbegründeten, örtliche Prüfung und Bessermachen erzeugenden Veranschlagungen ihrer Reinertragmehrung liegen kann.

§. 36.

Im ersten Jahre kann man sich nur die Gesäme einsammeln lassen, da man sie nur allein auf diesem Wege bekommen kann; im zweiten Jahre kann man sie nur erst aussäen, im 3ten Jahre kann man — wenn die Aussaat nur in Winterung und Brachen geschah — erst den Ertrag davon ziehen.

Bei dem vergrößerten Kartoffelbau jedoch, welchem sich die Landwirthschaft ergeben hat, ist schon im 2ten Jahre ein Ertrag dieser Gründüngung möglich zu machen, nämlich in den gedüngten, oder doch kraftvolleren Stellen der Kartoffelfelder; im Herbste, um darauf im Frühjahr Erbsen zu säen, oder im Frühjahr, um kleine Gerste auf das Gemenge zu bauen. (Vergl. §. 7. 8.)

Ich sage aber: in den kraftvolleren Stellen; theils des Gelingens der ersten lokalen Versuche, theils aber auch der Natur der Gründüngung selbst wegen, indem sie jedenfalls die nöthige Kraft finden muß, um gedeihen zu können, sey es nun durch den Boden, oder durch ihre Pflanzenarten selbst.

§ 37.

In dürftigen Wirthschaften machen die Stoppel- und Brachgemenge dieser Gründüngung anfangs zu viel Irrung, weil man noch weder die Zeit zu ihrer Bestellung, noch die Weide entbehren kann.

Das Gedeihen der Auffaatgemenge in der Sommerung ist in solchen Wirthschaften für die ersten anfänglichen Versuche ebenfalls zu gewagt, weil die Sommerung mehr, als die Winterung vom Wetter abhängt und auch weniger Kraft hat; daher man seinen ersten Versuch und die Gesäme dadurch nicht gefährden sollte.

Für die Winter-Auffaatgemenge aber findet sich gar keine Gefahr, noch sonst ein Anstand, und man macht sonach am sichersten mit ihnen den Anfang. Die Winterung hat in den meisten Wirthschaften noch Sommerung zur Folgefrucht und ist daher noch ohne Kleeeinsaat; übrigens wird sie auch meistens auf Mist- oder Dreeschbrache gebaut und bietet sich demnach für die Auffaat-Gründüngung ganz eigentlich und sehr allgemein dar. Nur muß die Winterung zu diesem Ende nicht zu dicht gesäet werden. Das Unkraut braucht man nicht zu fürchten, denn das dichte Gründüngungsgemenge hält es im Zaum, wie man gleich beim ersten Versuche finden wird.

§. 38.

Aber auch durch die Winterung beraubt man sich eines Theils der Stoppelweide und muß sie daher, wo man solche schlechterdings nicht entbehren kann, durch ein eben so großes Stück verbesserter Weide — mittelst der einen oder andern der in C. zur Uebersicht gestellten Gesäme, als Verdichtung des Kleebaus und der Weide — ersetzen.

Nicht weniger wichtig und ertragmehrend ist auch die Verbesserung der Weide an sich selbst, nämlich eben sowohl durch die Viehnutzung, als auch durch den Weidedung und die erhöhte Dreeschdüngung des Ackerbodens. Denn offenbar bringt es mehr Nutzen, den ganzen Viehstand auf seinem Acker zu weiden, als ihn den ganzen Sommer über in Wäldern und Wüsten sich herumtreiben zu lassen.

§. 39.

Solchergestalt liegt es also in dem Gange der Gründüngung oder der verstärkten Pflanzendüngung des Bodens überhaupt, daß man sich gleichzeitig eben so viel verbesserte Weide schaffe, d. h. den Kleebau durch entsprechende Gräser und Kräuter verdichte, als man durch die Gründüngungsgemenge in der Winterung oder der Brache die Stoppel- und Brachweide vermindert.

§. 40.

Dieser Gang der Sache kann nun sehr verzögert, aber auch sehr beschleunigt werden; doch wird es jeden Falls nützlich seyn, die, auf Erfahrung begründeten, erreichbaren Erfolge hier aufzuführen.

Zuerst ist es rathsam, nur mit kleinen und durchaus sichern Erfolgen zu beginnen, damit die Sache bei dem eigenen Wirthschaftspersonal und der Umgegend Ansehn und Credit gewinnt; denn das Zutrauen der Leute, mit denen man arbeitet, ist die halbe Arbeit.

Hat man hiernach bereits festen Fuß in den Handgriffen und Anordnungen der Sache gewonnen, so ist auch die Anwendung im Großen weit leichter. Es kommt dann darauf an, die Saamenmasse nach und nach so zu vermehren, daß das ganze Feld zur vollständigen Pflanzendüngung gelangt, was ich nun näher darlegen werde.

Ueber die erreichbaren und erfahrungsbegründeten Erfolge der verbesserten Gründüngung.

§. 41.

Nachdem ich schon früher mehrere unvollkommene Versuche mit der Gründüngung aus wilden Pflanzen auf einem kleinen Gute, welches ich unweit Lübeck in Holstein besaß, gemacht hatte, ergab sich mir, etwa zehn Jahre später, der erste bedeutende und vollständige Erfolg für den Garten zu Korompa in Ungarn. Es war daselbst ein sehr mageres, abhängiges, von Regengüssen zerrissenes und abgeschwemmtes Stück Land, lehmigen Bodens, welches als Rasenmatte in den Park gezogen werden sollte, da es sonst nur mit äußerst großen Kosten, durch Auffahren guter Erde, hätte verbessert werden können. Ich nahm mir also vor, es durch mehrmalige, gleich auf einander gesetzte Gründüngungsgemenge zu verbessern, und sammelte zu diesem Zweck den Sommer über alle wilden Kräuter- und Gräser-Gesäme ein, die ich nur erlangen konnte.

Das erste Gemenge bestand aus Winterpflanzen, d. h. aus Pflanzen zwei- und mehrjähriger Art, weil es durch den Winter gehen sollte. Anfangs September säete ich es aus und zwar auf einen Boden, der fast todt und ohne allen Humus war, da die tiefen Wasserrisse desselben, welche in den bergab laufenden schmalen Ackerbeeten entstanden waren, zuvor geebnet und deshalb von den Rücken der Beete 1 bis 2 Fuß abgetragen werden mußten *). Zwar war die Ackerung dieses wilden Bodens

*) Dieses Ebnen verrichtete ich mittelst einer Art von Hobelpflug. Ich setzte nämlich einem alten 7scharigen Exstirpator in dem Hin-

gut, d. h. tief, und der Boden für die Saat mürbe gemacht, auch ward sogleich auf der frischen Furche und zwar nach einem Regen gesäet; allein das Gemenge lief sehr schwach und gelbgrün auf und ward kaum vor dem Winter einen Zoll hoch. Es bestand aber aus einer Menge kleiner Pflänzchen, selbst auf den gänzlich wilden Strichen der alten Ackerbeete, was nur offenbar durch die vielerlei Pflanzenarten, woraus ich es zusammengesetzt hatte und durch deren Dichtigkeit möglich wurde, daher denn, so unscheinbar auch das Ganze war, doch der Boden überall begrünt und bedeckt sich zeigte. Im Frühjahre schoß es kaum 5 Zoll hoch auf, und da es nicht weiter wachsen wollte, sondern schön Blüthen trieb, ackerte ich es in der Mitte des Mai einfährig und ganz flach unter, indem ich fürchtete, daß ein tieferes Unterpflügen dem Erfolge des zweiten Gemenges durch eine zu weit ausgedehnte Vermengung der wilden Erde mit dem noch geringen Moder der eingepflügten Krautmasse schaden mögte; auch war der wilde Boden ja zuvor in der Tiefe gelockert worden.

Sogleich auf die frische Furche ward nun das Sommergemenge gesäet. Dieses lief schon besser und dunkelgrüner auf und ward auch etwas höher und dichter, als das vorige. In der Mitte Juli ließ ich dasselbe etwas tiefer, als das vorige, stürzen und säete wiederum ein Sommergemenge darauf. Dieses bestand fast aus denselben Pflanzenarten, als das vorige, weil ich schloß, daß eine Pflanze die andere am besten düngen werde.

Es trieb mit Macht hervor und war von blaugrüner Farbe. Darauf trat eine drückende Hitze und Dürre ein, die das Wachsthum sehr zurückhielt. Endlich aber kam ein guter Regen, und nun mußte ich es zu Ende August gegen meinen Willen stürzen, weil es sich sonst überwachsen hätte, d. h. in Blüte gegangen

terbalken, dessen ganzer Länge nach, ein vorwärts gekrümmtes brettförmiges Holz ein, an der Schneide beschlagen und durch ein Paar eiserne Bänder aus dem Vorderbalken nach vorn gehalten. Mit diesem Werkzeug griff ich die Erde der aufgepflügten Beetrücken durch einen Druck auf die Stürzen auf, so daß sich die Erde beim Fortziehen des Instruments fortschob und der Führer dieselbe in die Linien der Wasserrisse fallen ließ, indem er den Pflug bei den Sterzen in die Höhe hob.

wäre, indem ich noch nicht alle Gräser- und Kräutergesäme beisammen hatte, mit welchen dieser Boden, als ein Theil der besagten Rasenmatte, besäet werden sollte.

Ich säete nun das Gräser- und Kräutergesäme für die beabsichtigte Rasenmatte auf dieses dritte, nunmehr schon 6 Zoll tief gestürzte Gründüngungsgemenge, wodurch der Boden bereits über 6 Zoll tief ganz von Wurzeln durchwachsen und mit Moder geschwängert war. Die später-erlangten Gräser- und Kräutergesäme säete ich der Grasmatte dieses Bodens nachträglich oben auf und walzte solche fleißig ein, denn die Grassaat stand so schön und kraftvoll, daß ich keinen Anstand nahm, das Aufsäen der später erlangten, zum Theil angekauften Gesäme daran zu wagen.

Im nächsten Jahre stand dieser gründgedüngte Fleck der Grasmatte besser, als der andere mistgedüngte Boden derselben; und erst nach einem Paar Jahren, nachdem ich die ganze Matte jährlich mit dem Miste überdüngt, welchen ihr eigener Heuertrag abgeworfen, und wobei denn die noch sichtbaren Streifen der entblößten Rücken der ehemaligen Ackerbeete die doppelte Ueberdüngung erhalten hatten, verschwand aller Unterschied.

§. 42.

In den Feldern der beiden Meierhöfe des Gutes Korompa selbst war auch nicht einmal die Auffaatgründüngung in der Winterung möglich, weil hier Gemeinweide mit dem Compossessorate und den Bauern herrschte. Ich hätte zwar die Weide von der Winterstoppel durch die vielen scharfsaftigen, dem Viehe widerlichen Pflanzenarten, aus welchen diese Gemenge bestehen, abhalten können; allein die Gemeinweide war ein Recht, und ihre Beeinträchtigung daher ein Unrecht. Auch fand sich auf den andern Meierhöfen, daß es gefährlich gewesen wäre, indem die Ochsen daselbst, nachdem sie zufällig auf ein solches Stoppelgründüngungsgemenge gehütet worden waren, davon erkrankten. Sie hatten Pflanzen abgeweidet, die sie sonst nicht berühren — nicht, weil sie ihnen zugesagt hätten, sondern weil diese ihnen schädlichen Kräuter mit den andern gesunden Pflanzenarten zu dicht verwachsen waren, als daß sie sie nicht hätten mit denselben fassen müssen.

§. 43.

Die Felder der andern beiden Meierhöfe lagen nämlich — doch auch nicht sämmtlich — außer der Gemeinweide, und ich wandte also die eingesammelten Gesäme dort desto stärker an. Es bot sich mir eine große Menge Sommer- und Winterpflanzen hiezu dar und der Düngermangel war zu groß, als daß ich nicht die kräftigsten Stellen der Brachen und Stoppeln mit ihnen hätte besäen sollen — nachdem ich ihrer für den Garten nicht mehr bedurfte, welcher allerdings hier den Vorzug hatte, da er auch durch seine weiten Matten zum Futterbau dienen sollte.

Die Stoppelgründüngung war bei dem langen Herbste Ungarns — der ja auch in den meisten Gegenden Teutschlands dazu lang genug ist — die dankbarste und bequemste, indem ich das Gesäme dabei nicht bis zum Winter aufzubewahren brauchte, sondern schon nach dem Sommer einen Theil davon aussäen konnte und im andern Jahre bereits den Ertrag davon hatte, was mit der Aussaatgründüngung nicht der Fall seyn kann. Uebrigens war auch mit der Stoppelgründüngung noch der Vortheil verbunden, daß ich die Stoppeln zuvor ausweiden lassen konnte und daher nicht zuviel an der Weide verlor. Alle Gesäme derselben wurden zwar nicht bis zum August uud September, wo die Stoppelgründüngung gesäet wurde, reif = z. B. die Artemisien, Winter-Rauken (Sisymbrium), Winter-Hederiche (Erysimum) u. dergl. zwei- uud mehrjährige Pflanzenarten mehr, diese blieben dann aber für die Aussaatgründüngung in der gedüngten Winterung zurück.

Uebrigens war mir sowohl die Weide, als die Zeit im Herbste zu beschränkt, als daß ich nicht die Stoppelgründüngung in einem kleineren Verhältniß, als die frühe Brachgründüngung, hätte betreiben sollen. Für diese ließ ich daher, wie gewöhnlich, die Stoppel im Spätherbst stürzen und im Frühjahr zeitig wenden und säete dann ein Sommergemenge darauf, welches zur kleinen Gerste einfährig untergeackert wurde. Hierdurch verlor ich gar keine Weide und es war auch mehr Zeit dazu übrig.

Ich hatte also nur die Stoppelweide zu ersetzen, welche ich durch die Aufsaatgründüngung in der Winterung verlor, nämlich durch die Verdichtung des Kleebaus und der Weide, um auf derselben Fläche mehr Futter und Weide zu erhalten, als zuvor. Zu diesem Ende ließ ich es mir angelegen seyn, sehr viele Gräsergesäme aus den Wäldern und Wiesen zusammen zu bringen, um, statt der Brach- und Stoppelweide, jährlich die Gründüngung vermehren zu können.

Diese beiden Mittel — die Gründüngung und die Verdichtung des Kleebaus und der Weiden, also die verstärkte Dreeschdüngung — waren es aber auch nur, die ich in Ungarn und später in Polen anwenden konnte, weil, außer den juridischen Schwierigkeiten bei der Arrondirung der Felder, auch noch die Frohnde, vor Allem aber die Gemeinweide der Einführung meines Einrichtungssystems für die Landgüter entgegenstand. Es waren also nur die Uebergänge aus der Dreifelderwirthschaft in die Schlagwirthschaft möglich.

Doch auch bei diesen Uebergängen — da sie auf eine künstliche Gründüngung und auf einen eben so künstlichen Futter- und Weidebau begründet waren — werden die Kenner leicht einsehen, daß sie wieder rückgängig werden mußten, sobald die eingelehrten Leute nicht beibehalten wurden. Solche Rückgänge fielen aber natürlich nicht mir zur Last, sondern vielmehr dem Mangel an Geist für einen zeitgemäßen Landbau, nämlich für den Ausführungsantheil, der da will, daß man einen Theil des Gewonnenen eben so gut in der Liebe und Kunstfähigkeit aller seiner Leute wieder anlegen soll, als in dem Boden selbst. Es ist leicht zu begreifen, daß das von mir in der Einrichtungskunst dargelegte System stetig steigender Rente ohne den Ausführungsantheil durchaus nicht verwirklicht werden kann.

§. 44.

Da nun die Dreifelder- und die Schlagwirthschaften noch bei Weitem die meisten sind, und da sie nur durch die verbesserte Grün- und Dreeschdüngung aus sich selbst zu steigender Rente geführt werden können, so will ich nunmehr zeigen, wie der Gang ihrer Einrichtung geordnet werden kann.

Zu diesem Zwecke ist es nöthig, das meist gewöhnliche Verhältniß von Brache, Winterung, Sommerung, Kartoffelbau, Klee und Weide eines zur Dreifelder- oder Schlag-Wirthschaft eingerichteten Gutes zu Grunde zu legen, um zu sehen, in wie viel Zeit ein jeder Landwirth die Ertrag- und Rentemehrung seines Bodens durch die verbesserte Grün- und Dreeschdüngung zu bewerkstelligen vermag.

Von den vielen Gütern, die ich bisher unter Händen hatte, zog ich gewöhnlich auch den Durchschnittsertrag auf das landübliche Feldmaaß aus und fand, daß derselbe nur selten mehr betrug, als auf das halbe geogr. Feldmaaß, à 200 □Ruthen Rhein., bei . . . . 10 Ztr. Tgw. Hievon ist aber die Ursache, daß die Sommerung nach der Winterung so schlecht war und der Klee- und Weidebau zu dünne, einartig und kraftlos.

Viele Landwirthe pflegen zwar einen so geringen Durchschnittsertrag pro Morgen ihres Bodens nicht leicht als richtig zu erachten, weil sie nämlich sich noch gar zu leicht selbst täuschen; denn sie sehen immer nur auf den höchsten Ertrag, welchen sie in guten Jahren von einzelnen Bodenstellen und nach der Düngung erhalten. So z. B. sagen sie: Waizen trägt mein Boden so viel — Gerste so viel — Klee so viel pro Morgen! — Doch im Durchschnitt ihres ganzen mäh- und ackerbaren Bodens werden sie wohl selten mehr als pro Morgen bei 10 Ztr. Tgw., auf geringerem, als Mittelboden, aber noch viel weniger herausbringen.

Diese Prüfung, sehr nützlich zur gründlichen Ueberzeugung, ist übrigens leicht anzustellen. Die Einfuhr an Getraide in Schocken und Mandeln schreibt man gewöhnlich auf und kann sie leicht nach Gewicht abschätzen. Ebenso die Kartoffeln — nämlich 1 gehäufter Berliner oder Wiener Scheffel = 1 Ztr. Natural-Gewicht und 4 solche Scheffel = 1 Ztr. Tgw. Ferner die Heueinfuhr — nach Zentnern. Sodann Weide und das Grünfutter — nach dem Betrage des durch die 5 Sommermonate ernährten Viehes, z. B. für Schaafe, jung und alt, im Durchschnitt 3 Ztr. Tgw., für erwachsene 4, für Großvieh 30 Ztr. Tgw. (mit lokalen Ausnahmen), für Kühe 40. —

§. 45.

Angenommen also, ein Gut von 1000 halben geogr. Feldm. à 200 □Ruthen Rheinisch = 800 □Klafter Oestreichisch mäh- und ackerbaren Wirthschaftslandes, und zwar eines schwachen Mittelbodens, führe den meist gewöhnlichen Einrichtungen nach:

	Gesammt-ertrag.	Körner.	Stroh.	Heu und Weide.
	Zentner Tgw.			
200 halbe geogr. Feldm. Brache, theils Mist-, theils Dreeschbrache, im Durchschnitt à 5 Ztr. Tgw. .	1000	—	—	1000
200 halbe geogr. Feldm. Winterung, halb auf Mist-, halb auf Dreeschdüngung, à 18 Ztr. Korn und Stroh	3600	900	2700	—
200 halbe geogr. Feldm. Sommerung, incl. Erbsen, im Durchschn. à 12 Ztr. Korn und Stroh	2400	800	1600	—
50 halbe geogr. Feldm. Kartoffeln, incl. anderer Hackfrüchte, im Durchschn. à 20 Ztr. Tgw. = 80 Scheffel	1000	verkauft. 500	—	verfuttert. 500
350 halbe geogr. Feldm. Klee und Weide, im Durchschnitt des bessern und schlechtern Bodens à $6\frac{1}{3}$ Ztr. Tgw.	2000	—	—	2000
Summa: 1000 halbe geogr. Feldm. =	10000	2200	4300	3500

Es fällt nun auf ein halbes geograph. Feldmaaß = 200 □Ruthen Rhein. der Durchschnittsertrag von . . 10 Ztr. Tgw., oder auf das ganze geogr. Feldmaaß . . . 20 Ztr. Tgw.

Und wenn nun ein solches Gut z. B. den Ztr. Tgw. seiner Gesammtproduction zu 3/10 Thaler verrechnet, so hat es gewöhnlich über 2/3 für Kosten und Selbstverbrauch nöthig, so daß es nur aus seinen übrigen Körnern und dem Viehstande eine Pacht zahlt von etwa . . . . 1000 Thlr., d. i. pro 1 geogr. Feldmaaß des obigen mäh- und ackerbaren Wirthschaftslandes . . . . 2 Thlr.

§. 46.

Ein Blick auf die vorstehende Tabelle zeigt, daß es keine natürlichere und wirthschaftlichere Richtung geben könne, als den Ertrag und die Rente jener 650 Morgen Brachen und Stoppeln mittelst der Gründüngung und des verdichteten Klee- und Weidebaues, d. i. der Dreeschdüngung, zu steigern.

Es handelt sich nun aber hier darum, die Mittel und Wege dazu und die auf Erfahrung gestützten Erfolge darzulegen.

§. 47.

Die Mittel und Wege betreffend, so darf ich sie hier nur noch einmal zur Uebersicht stellen. Sie bestehen darin:

1) Gleich vom Frühjahre an bis in den Winter hinein alle praktikabeln wilden Gesäme des Gutes und — falls diese nicht zureichen — auch die der Umgegend (durch die kleinen Leute) einsammeln zu lassen (vergl. §. 11—14.);
2) den einen Theil der Wintergesäme gleich im Herbste auf einige Morgen der kräftigsten, früh gestürzten Stoppeln, oder des Kartoffellandes anzuwenden;
3) den andern Theil derselben im December, oder Januar, auf den nassen Schnee der gedüngten Winterung;
4) den einen Theil der Sommergesäme gleich im Frühjahre auf das gedüngte Kartoffelland des vorigen Jahres, oder auf die im Herbste gestürzte Winterstoppel, vor der kleinen Gerste;
5) den andern Theil derselben entweder zur Bestreuung der Hackfahren der Brache, oder auf die halbgedüngte Brache selbst;
6) den eingesammelten Saamen der Futter- und Weidebaugräser, zur Verdichtung des Klee- und Weidebaues, auf die kräftigeren Stellen der Sommerung.

§. 48.

Die erfahrungsmäßigen Erfolge sind ebenfalls schon vorgetragen worden (vergl. §. 21—25.), und so bleibt nur hier noch auszuführen: 1) auf welchen Bodenkraftbestand diese Gründüngung und dieser verdichtete Klee- und Weidebau noch lohnend anzuwenden ist, und 2) wie groß der Reinertrag pro Morgen sich durch sie ergeben kann.

Zu 1. Den Kraftbestand betreffend, auf welchen die verbesserte Grün- und Dreeschdüngung noch lohnend anzuwenden ist, so wird ein jeder Landwirth seine Gesäme dieser Art von selbst schon, besonders aber Anfangs — wenn gleich mehrere Arten derselben auf bloßem Flugsande wachsen — vorzugsweise nur auf die kräftigsten Stellen bringen, damit er den gewonnenen Mist auf die schwächeren Stellen seines Bodens anwenden könne.

Solche kräftigere Stellen werden aber wenigstens die seyn, wo man noch auf den Morgen von 200 □Ruthen Rheinisch bei 5 Berliner Scheffel Roggen, oder bei 10 Berl. Scheffel Hafer erwarten kann, oder, was bei Mittelboden dasselbe ist, einen Bestand von . . . . 100 Ztr. Mistkraft.

Beweis. Auf guten, reichen Böden giebt dieser Bestand zwar bei . . . . 50 Ztr. Tgw. Ertrag, aber wegen der Schutzlosigkeit und Unvollkommenheit der Mittelböden sind nur höchstens bei 2/3 dieser Ertragsfähigkeit der bessern Böden anzunehmen, also nur etwa bei 32 Zentner Korn und Stroh. Davon giebt das erste Jahr uur etwa die Hälfte = ... 16 Ztr. Korn und Stroh, und da sich nun der Roggen höchstens an Korn zu Stroh verhält = 1 : 3 und der Hafer = 1 : 2, so ergiebt demnach der Bestand von . . . . 100 Ztr. Mistkraft
bei 4 Ztr. Roggen = ... 5 Berl. Scheffel,
oder 5 Ztr. Hafer = ... 10 Berl. Scheffel.

Zu 2. Den Reinertrag betreffend, welchen die verbesserte Grün- und Dreeschdüngung pro Morgen abwerfen kann, so fügt

sie dem Bestande von . . . . 100 Ztr. Mistkraft,
nach den Erweisen in §. 21—23., mindestens und in den ungünstigeren Fällen, eben so viel hinzu = ... 100 — —

macht . 200 Ztr. Mistkraft.

Hierin ist die Ertragfähigkeit der reicheren Böden = 100 Ztr. Mistkraft, der Mittelböden aber, die schon durch die ersten guten Grün- und Dreeschdüngungen sich bis auf 3/4 der Ertragfähigkeit des reichen Bodens verbessern, = 75 Ztr. Tgw.; davon kommen also der Gründüngung nur zu Gute circa 37½ Ztr. Tgw.; das macht zu Gelde (nämlich nach dem im §. 45. angenommenen Grundverhältnisse), à 3/10 Thaler pro Ztr. Tgw., im Durchschnitt = ... 11½ Thlr.
Hiervon ab die Kosten der Gesäme pro 1 Morgen sammt deren Bestellung — überreichlich der runden Zahl wegen angenommen zu . . . . 1½ —

Verbleibt eine Reinertragmehrung = ... 10 Thlr.

§. 49.

Dieser Reinertrag pro Morgen von 200 □Ruthen Rheinisch ist so sicher, daß er sich schon durch die Gründüngung mit einer einzelnen Pflanzenart, z. B. dem Spergel, ergiebt, geschweige durch die vielartigen Pflanzen-Gemenge der Gründüngung und der Dreeschdüngung; er ist daher als der schwächste Erfolg zu betrachten.

Diesen schwächsten Erfolg nun, also auf 200 □Ruthen Rhein. die Reinertragmehrung angenommen zu . . 10 Thlr., habe ich sehr oft, durch die Vielartigkeit und Dichtigkeit der Gemenge, den Kraftbestand des Bodens aufs Doppelte vermehrt gefunden — d. h. auf 100 Ztr. Mistkraftbestand = 200 Ztr. Mistkraft Krautmoder, zusammen = 300 Ztr. Mistkraft — mithin die Reinertragmehrung pro 200 □Ruthen Rhein. = 15 —

zusammen . 25 Thlr.,

macht im Durchschnitt beider Fälle . . . . . 12½ Thlr.

Hievon fallen nun auf die Ernte des ersten Jahres circa 6 Thlr. und eben so viel erfolgt durch die Nachfrüchte.

§. 50.

Wendet man nun diese verbesserte Grün- und Dreeschdüngung auf reichere und tiefere Böden an — die sich eben durch die öfter nach einander wiederholten Pflanzendüngungen dieser Art aus den schlechtesten Böden sehr bald heranbilden lassen — z. B. auf den vorhin erklärten Kraftbestand von 10 Berliner oder Wiener Scheffel Roggen oder 20 Scheffel Hafer, so bleibt noch zu bemerken: daß, da die geringen Kosten dieser verbesserten Pflanzendüngung dieselben bleiben, der Reinertrag doppelt größer werden müsse.

Uebergangsverhältnisse durch die verbesserte Gründüngung und Dreeschdüngung.

Erstes Uebergangsjahr.

§. 51.

Im ersten Jahre kann man nur die Einsammlung der wilden Gesäme bewirken. Von ihrem Belange und von der Kunst ihrer oben bemerkten verschiedenen Anwendung hängt es sodann ab, wie schnell, oder langsam die Ertrag- und Rentemehrung von Statten gehen werde.

Zu riskiren ist bei der Sache nichts. Sie ist auch durchaus weder neu, noch ungewöhnlich, sondern berührt vielmehr das schon längst angewendete Verfahren der mit einzelnen Pflanzenarten betriebenen Gründüngung und der allgemein üblichen Aufsaat des Klees und der Weide. In vielen Gegenden wird sie auch bereits betrieben, obschon sie erst vor einigen Jahren durch meine Einrichtungskunst angeregt worden ist, besonders in den Provinzen Preußen, Pommern, Posen, wohin die Gutsherrn-Zeitung nur erst gekommen ist.

Nach den ersten furchtsamen kleinen Versuchen überzeugt man sich überall, daß der rechte Uebergang mit 1/10 des mäh- und ackerbaren Wirthschaftslandes ohne Beschwerde geschehen kann. Wir werden also die Jahre der vorauslaufenden Versuche nicht rechnen, sondern diese nur voraussetzen, und daher die Uebergangsverhältnisse des ersten Jahres auf 1/10 des mäh- und ackerbaren Wirthschaftslandes stellen.

Also sind für das erste Uebergangsjahr, von der im §. 45. zum Grunde gelegten Fläche von 1000 Morgen, für 100 Morgen die Gesäme einzusammeln, was nach den Uebersichten A. B. C. in der IIIten, IVten und Vten Tabelle den Betrag erfordert von . . . . 1000 Pfund,
d. i. pro Morgen im Durchschnitt . . . . . 10 Pfund.

Jeder geschickte und thätige Landwirth kann diesen Betrag sehr leicht im ersten Jahre, auf die oben beschriebenen Weisen, auf einer Fläche von 1000 Morgen Wirthschaftsland und dessen Umgegend zusammenbringen.

Sodann aber will ich annehmen, daß dieser Betrag sich nur jährlich für 50 Morgen vergrößere, nämlich im 2ten Jahre auf die Saamenmasse für 150 Morgen = 1500 Pfund, im 3ten Jahre für 200 Morgen = 2000 Pfund u. s. w.

Dieses giebt dann einen sehr gleichmäßigen Uebergang, aus welchem man bequem entnehmen kann, wie viel sich die baare Rente mehrt, wenn man so oder so viel Gesäme mehr oder weniger anwendet.

Ebenso auch wird die runde 10theilige Morgenzahl, welche wir im §. 45. zum Grunde gelegt haben, erleichternd fallen, indem diejenigen, welche mit einem kleinern oder größern Areal, oder mit einem kleinern oder größern Theil als 1/10 übergehen wollen, ihre lokalen Fälle darnach desto bequemer vergleichen können.

Auch werden wir immer den Betrag der baaren Rente, welche sich aus dieser nachfolgenden schematischen Anleitung der Uebergänge ergiebt, auf das geogr. Feldmaaß auswerfen, damit das Resultat für die kleinsten und größten Wirthschaften vergleichbar wird.

§. 52.

Die Menge und die Arten der wilden Pflanzen sind zwar nach jeder Lokalität verschieden, und es ist daher die Anwendung und die Zusammensetzung ihrer Gemenge rein örtlich; man kann (wie ich schon gezeigt habe) mehr oder weniger Pfunde pro Morgen nöthig haben, diese oder jene Pflanzenarten gar nicht erlangen u. s. w.; in der Regel bieten sich aber eben so viele Sommer-

als Wintergesäme dar und nur etwas weniger Gräserarten. Die Sommergesäme wachsen mehr auf den offenen Böden der Felder und Gärten, die Wintergesäme mehr an den Zäunen und Ständern, die Gräser auf Wiesen und Weiden und auf allen Feldrändern. Man darf nur gleich vom Frühjahr an diese Unkräuter so viel als möglich begünstigen, um davon eine sehr große Menge Gesäme zusammen zu bringen — z. B. in den Kartoffelreihen und wo sie sich sonst an den im §. 6. bezeichneten Stellen leicht einfinden; auch, indem man auf einigen Stellen der Wiesen und Weiden, wo sich eben viele gute Gräserarten zeigen, solche reif werden und abnehmen läßt, ehe die Wiese gemäht wird.

Es ist also sehr leicht möglich, jeden Orts auf der zum Grunde gelegten Fläche von 1000 Morgen Wirthschaftsland, sammt dessen Umgegend — nachdem man sich (wie gesagt) schon einige Jahre vorgeübt — folgendes Verhältniß dieser Gesäme, mehr oder weniger, zusammen zu bringen, als:

en Wintergesämen bei	400 Pfund,
en Sommergesämen bei	400 —
en Futter- und Weidegräsern bei . . .	200 —
Zusammen .	1000 Pfund.

§. 53.

Mit dergleichen Vorräthen war ich dann bemüht, durch die Stoppel- und frühe Brachgründüngung sogleich im 2ten Jahre schon Ertrag zu haben, weil der Ertrag der Winteraussaat und der Verdichtung des Klee- und Weidebaues erst im 3ten Jahre erfolgt.

a.

Es sey also angenommen, daß man bei dem zu Grunde gelegten Flächenverhältniß gleich im ersten Uebergangsjahre nur von der Stoppelweide entbehren und besäen könne bei 20 Morgen, macht bei . . . . 200 Pfd. Wintergesäme;
dagegen man aber auf den gestürzten Waizenstoppeln und dem gedüngten Kartoffellande eine frühe Brachgrün-

Latus . 200 Pfd. auf 20 Morgen,

	Transport	200 Pfd. auf 20 Morgen.
düngung vor der kleinen Gerste anwenden werde bei	. . . .	30 Morgen,
macht bei	. . . .	300 Pfd. Sommergesäme,
	zusammen	500 Pfd. auf 50 Morgen.

b.

Es verbleiben sonach für die Aussaat in der gedüngten Winterung noch zu besäen bei	. . . .	20 Morgen
mit den noch übrigen	. . . .	200 Pfd. Wintergesämen;
sodann zur Verdichtung des Klee- und Weidebaues in der Sommerung, um sogleich durch dieselbe die Stoppelweide zu ersetzen, welche durch die Aussaat in der Winterung verloren geht, bei	. . . .	20 Morgen,
mit den obbemerkten	. . . . .	200 Pfd. Futter- u. Weidegräsern;
endlich, für die Besäung der halbgedüngten Brache, weil deren Weide auch noch nicht entbehrlich ist, nur	. . . .	10 Morgen,
mit den noch übrigen	. . . .	100 Pfd. Sommergesämen,
	zusammen	500 Pfd. auf 50 Morgen.

Zweites Uebergangsjahr.

§. 54.

Von der Sommerung dieses Jahres sind daher bereits auf die eingepflügte, durch Vielartigkeit und Dichtigkeit der Pflanzengemenge verbesserte Gründüngung (nach §. 53. a.) zu rechnen bei . . . . 50 Morgen, deren oben (§. 49.) ermittelter Reinertrag lediglich von jener Eigenschaft und der Kunst des Landwirths abhängt, um in diesem zweiten Jahre pro Morgen über 6 Thlr., folglich pro 50 Morgen bei . . . . 300 Thlr. einzubringen.

Angenommen nun, daß man durch den Ausführungsantheil und die Wiederanlage zu anderweitigen Verbesserungen des Bodens übergehen wolle, so ergiebt sich nach der Erklärung des Vorworts (§. 10. 8—14.) folgendermaßen die Rentevertheilung:

Ausführungsantheil.	Wiederanlage.	Bodenrente.
60 Thlr.	120 Thlr.	120 Thlr.

Dies beträgt auf die zu Grunde gelegten 500 geogr. Feldmaaße mäh- und ackerbaren Wirthschaftslandes pro 1 geogr. Feldmaaß circa $\frac{1}{8}$ Thlr. $\frac{1}{4}$ Thlr. $\frac{1}{4}$ Thlr.

Eben so viel Kraft ist aber noch im Boden, und derselbe ergiebt daher für das nächste dritte Jahr nach der Erfahrungsregel $\frac{1}{2}$ des vorigjährigen Ertrages, also bei . . . 150 Thlr. Hiezu treten für die Ertragmehrung des dritten Jahres die im vorigen §. sub b. bemerkte Aussaat in der gedüngten Winterung, die Futter- und Weidebau-Verdichtung in dem Kleebau der Sommerung und auch wohl etwas Brachgründung, zusammen 50 Morgen.

Die Saameneinsammlung und Anzucht kann in diesem Jahre auch schon etwas ausgedehnter seyn, weil die Leute bereits darin geübt sind und man die für die Lokalität praktikabeln Pflanzenarten mehr begünstigt hat, indem man sie zum Theil an abgelegenen schicklichen Orten angebauet und diese oder jene perennirenden Gräser in besondern Schulen angezogen, so daß also zum dritten Jahre die Gesäme geliefert werden können für etwa 150 Morgen.

Drittes Uebergangsjahr.

§. 55.

Es kommen sonach in diesem Jahre in den erhöhten Reinertrag zuerst die sub §. 53. b. bemerkten 10 Morgen Winterung, welche auf die Gründüngung der halbgedüngten Brache gebaut wurde, = ... 10 Morgen,
sodann die 20 Morgen Sommerung auf die Aufsaatgründüngung in der gedüngten Winterung, = 20 —
ferner die im vorigen zweiten Jahre eben so wie im ersten (s. §. 53. a.) bestellten 20 Morgen Sommerung auf die Waizenstoppel-Gründüngung, sammt 30 Morgen Sommerung auf die frühe Brachgründüngung des besten Kartoffellandes, zusammen 50 —

Latus 80 Morgen,

Transport	80 Morgen,
sodann der durch die Verdichtung mit Gräserarten bewirkte größere Klee- und Weideertrag auf	20 —
zusammen	100 Morgen.

Hievon ist die Reinertragmehrung dieses Jahres, nach den als vollkommen sicher begründeten Erweisen (§. 21—25. und 48—50.), bei . . . . 600 Thlr.
und aus den Nachfrüchten der vorjährigen Kraftvermehrung ergeben sich (vergl. den vorigen §.) . . 150 —

Macht zusammen . 750 Thlr.

Rentevertheilung:

Ausführungsantheil.	Wiederanlage.	Bodenrente.
150 Thlr.	300 Thlr.	300 Thlr.

Dies beträgt pro 1 geogr. Feldmaaß der ganzen Wirthschaft:

$\frac{3}{10}$ Thlr.	$\frac{3}{5}$ Thlr.	$\frac{3}{5}$ Thlr.

Eben so viel steckt aber noch in dem Boden, und es ergiebt sich nach der Erfahrungsregel ($\frac{1}{2}$ des vorjährigen Ertrages) für das folgende 4te Uebergangsjahr die Reinertragmehrung bei . . . . 375 Thlr.

Wenn man jedoch die Reinertragmehrung der Uebergänge nicht mehr, wie bisher, vergeblich auf den Mist allein, sondern vorzüglich auf dessen Ursache, die Pflanzendüngung, gründen will, so ist es auch natürlich, daß dieser jährlich eine größere Fläche eingeräumt werden muß. Demnach nehmen wir an, daß in diesem dritten Jahre theils eingesammelt, theils angezogen werde der Bedarf an Gesämen für das vierte auf 200 Morgen.

Viertes Uebergangsjahr.

§. 56.

Mittelst solcher Kunst und Thätigkeit eines Landwirths ist dann ohne Zweifel die Reinertragmehrung fortdauernd zu bewirken, und wir haben daher nur ihre Zunahme nach den vorhergegangenen Anschlägen bemerklich zu machen.

Dieses kann auf die Erweise geschehen, daß die Einsammlung der Gesäme des 1sten Jahres für 100 Morgen Pflanzendüngung des 2ten im 3ten Jahre eine höchst gesicherte Reinertragmehrung ergiebt bei . . . . 750 Thlr.,

und daß durch die Nachfrüchte für das 4te Jahr mindestens gewonnen werden . . . . 375 Thlr.,
mithin das Gesäme des 2ten Jahres für die 150 Morgen Pflanzendüngung des 3ten im 4ten Jahre eine Reinertragmehrung ergiebt = 750 × $1\frac{1}{2}$ = . 1125 —

zusammen 1500 Thlr.

Rentevertheilung:

Ausführungsantheil.	Wiederanlage.	Bodenrente.
300 Thlr.	600 Thlr.	600 Thlr.

Dies beträgt pro 1 geogr. Feldmaaß der ganzen Wirthschaft:

$\frac{3}{5}$ Thlr.	$1\frac{1}{5}$ Thlr.	$1\frac{1}{5}$ Thlr.

Eben so viel steckt noch im Boden, und die Hälfte davon tritt in den Nachfrüchten für das 5te Jahr hervor mit 750 Thlr.

Es ergiebt sich also hieraus ganz einfach, wie durch die bloße jährliche Vermehrung und geschickte Anwendung der Gründüngungs- und der Futter- und Weidebau-Gesäme die jährliche Reinertragmehrung der Dreifelder- und Schlagwirthschaften befördert werden kann. Es sey daher der Betrag der Einsammlung und der Anzucht dieser Gesäme für das 5te Jahr angenommen auf . . . . 250 Morgen.

Fünftes Uebergangsjahr.

§. 57.

Hier trat nun schon die Wechselwirkung der Mistdüngung mit der seit dem zweiten Jahre angewandten Pflanzendüngung merklich ein. Denn die aus dem vermehrten Ertrage, welchen ich aus der verbesserten Pflanzendüngung auf einer Stelle erhielt, entstandene vergrößerte Mistdüngung wandte ich an einem andern Orte wieder an — nämlich (wie schon gesagt) zur Ueberdüngung des 2—3jährigen Futterbaues und zur stärkern Düngung der Hackfrüchte, so daß also nun die Pflanzendüngung einen immer größern Kraftbestand vorfand.

Die Berechnung dieser Wechselwirkung der Mist- und Grün- und Dreeschdüngungen ist jedoch nicht ohne den lokalen Uebergangsplan aufzustellen, welche Darlegung hier aber zu weitläuftig werden würde, sich jedoch im dritten Bande der Einrichtungskunst ausgeführt findet. Auch ist die ertragmehrende Kraft der verbesserten Pflanzendüngung an sich selbst schon so groß, daß wir hier ihre Wechselwirkung mit der durch sie erzeugten Mistdüngung obenein geben können — zur Deckung widriger Zufälle.

Für den gesicherten Anschlag der Reinertragmehrung dieses 5ten Jahres treten also zunächst durch die Nachfrüchte der vorjährigen Kraftvermehrung ein bei . . . . . . 750 Thlr.
Ferner — nach dem Erweise, daß das Gesäme des 1sten Jahres für 100 Morgen Pflanzendüngung des 2ten im 3ten Jahre ergiebt bei . . 750 Thlr., mithin das Gesäme des 3ten Jahres für die 200 Morgen Pflanzendüngung des 4ten im 5ten Jahre 750 × 2 = ... 1500 —
zusammen . 2250 Thlr.

Rentevertheilung:

Ausführungsantheil.	Wiederanlage.	Bodenrente.
450 Thlr.	900 Thlr.	900 Thlr.

Dies beträgt pro geogr. Feldmaaß der ganzen Wirthschaft:

$\frac{9}{10}$ Thlr.	$1\frac{4}{5}$ Thlr.	$1\frac{4}{5}$ Thlr.

Die Vermehrung der Einsammlung und Anzucht der Gesäme setzen wir, um den Uebergang desto sicherer zu veranschlagen, für das folgende 6ste Jahr nur an auf 300 Morgen.

Sechstes Uebergangsjahr.

§. 58.

Durch die Nachfrüchte der vorjährigen Bodenkraftmehrung treten ein . . . . 1125 Thlr.
Ferner — nach dem Erweise, daß das Gesäme des 1sten Jahres für 100 Morgen Pflanzendüngung des 2ten im 3ten Jahre die gesicherte Reinertragmehrung giebt bei . . . . 750 Thlr., mithin das Gesäme des 4ten Jahres für die 300 Morgen Pflanzendüngung des 5ten im 6ten Jahre 750 × $2\frac{1}{2}$ = ... 1875 —
zusammen . 3000 Thlr.

Rentevertheilung:

Ausführungsantheil.	Wiederanlage	Bodenrente.
600 Thlr.	1200 Thlr.	1200 Thlr.

Dies beträgt pro geogr. Feldmaaß der ganzen Wirthschaft:

$1\frac{1}{5}$ Thlr.	$2\frac{2}{5}$ Thlr.	$2\frac{2}{5}$ Thlr.

Einsammlung und Anzucht der Gesäme für das 7te Jahr vermehrt auf . . . . 350 Morgen.

Siebentes Uebergangsjahr.

§. 59.

Durch die Nachfrüchte der vorjährigen Bodenkraftmehrung treten ein bei . . . . 1500 Thlr.

Hiezu nach dem obigen Erweise, daß das Gesäme des 5ten Jahres für 300 Morgen Pflanzendüngung des 6ten im 7ten Jahre ergiebt $750 \times 3 =$ 2250 —

zusammen . 3750 Thlr.

Rentevertheilung:

Ausführungsantheil.	Wiederanlage.	Bodenrente.
750 Thlr.	1500 Thlr.	1500 Thlr.

Dies beträgt pro geogr. Feldmaaß der ganzen Wirthschaft:

$1\frac{1}{2}$ Thlr.	3 Thlr.	3 Thlr.

Vermehrte Einsammlung und Anzucht der Gesäme dieses Jahres für das folgende 8te Jahr bis auf . . 400 Morgen.

Achtes Uebergangsjahr.

§. 60.

Durch die Nachfrüchte der vorjährigen Bodenkraft treten ein bei . . . . 1875 Thlr.

Hiezu nach dem Erweise, daß das Gesäme des 6sten Jahres für 350 Morgen Pflanzendüngung des 7ten im 8ten Jahre ergiebt $750 \times 3\frac{1}{2} =$ . . . 2625 —

zusammen . 4500 Thlr.

Rentevertheilung:

Ausführungsantheil.	Wiederanlage.	Bodenrente.
900 Thlr.	1800 Thlr.	1800 Thlr.

Dies beträgt pro geogr. Feldmaaß der ganzen Wirthschaft:

$1\frac{4}{5}$ Thlr.	$3\frac{3}{5}$ Thlr.	$3\frac{3}{5}$ Thlr.

Vermehrte Einsammlung und Anzucht der Gesäme für das folgende 9te Jahr bis auf . . . . 450 Morgen.

Mit diesem Betrage ist nun die Größe der Saamenmasse erreicht. Denn durch die Wechselwirkung der Gründüngung mit der Mistdüngung und mit der verstärkten Dreeschdüngung des durch die Gräser dichter gemengten Klee- und Weidebaues werden die Weiden so kraftvoll, daß man sie gern länger, als bisher, liegen läßt. Ebenso auch der überdüngte Mengfutterbau, welchen ich aus den gewöhnlichen Futterkräutern mit Gräsern verdichtete; und die Brachen wurden durch die Gründüngung so kraftvoll und mürbe, daß sie nun bebaut wurden. Meine Richtung ging nämlich dahin, nicht die Fläche des Getreidebaues, sondern deren Ertrag durch die eingeschobene Gründüngung zu vermehren, und so — wie z. B. das (nach §. 45.) hier zu Grunde gelegte Land von etwa 200 Morgen Brache und 350 Morgen Klee- und Weidebau — mehr als das halbe Land zu 6jährigen Wechselwiesen und Weiden nach und nach überzuführen. Für den Betrag von 550 Morgen 6jährig werdender Wechselwiesen und Weiden bedarf es dann nur 1/6 ihrer jährlichen Saamenmasse, also circa . . . . . 90 Morgen,
und es verbleiben für die Steigerung des Körnerbaues durch die Stoppel- und Aussaat-Gründüngung noch . . . . 360 —
zusammen . 450 Morgen.

Diese erfordern nach den Uebersichten A. B. C. (vergl. §. 7. 8. 9.), zu 10 Pfund pro Morgen, nur einen jährlichen Saamenbedarf von höchstens . . . . 5 Zentner,
den man, mit Einschluß der Bestellungskosten, aufs Höchste für ein Betriebskapital von . . . . 200 Thlr.
erlangen kann und wodurch die vorbezeichnete jährliche Steigerung der Bodenrente bewirkt wird.

Weitere Uebersicht der Reinertragmehrung durch die verbesserte Gründüngung.

§. 61.

Für das neunte Uebergangsjahr treten durch die Nachfrüchte der vorjährigen Bodenkraftmehrung ein bei 2250 Thlr.
Latus . 2250 Thlr.

Transport 2250 Thlr.

Hiezu nach dem Erweise, daß das Gesäme des 7ten Jahres für 400 Morgen Pflanzendüngung des 8ten im 9ten Jahre ergiebt = 750×4 = . . 3000 —

zusammen . 5250 Thlr.

Rentevertheilung:

Ausführungsantheil.	Wiederanlage.	Bodenrente.
1050 Thlr.	2100 Thlr.	2100 Thlr.

Dies beträgt pro geogr. Feldmaaß der ganzen Wirthschaft:

$2\frac{1}{10}$ Thlr.	$4\frac{1}{5}$ Thlr.	$4\frac{1}{5}$ Thlr.

§. 62.

Für das zehnte Uebergangsjahr treten durch die Nachfrüchte der vorjährigen Bodenkraftmehrung ein bei 2625 Thlr.

Hiezu nach dem Erweise, daß das Gesäme des 8ten Jahres für 450 Morgen Pflanzendüngung des 9ten im 10ten Jahre ergiebt = $750 \times 4\frac{1}{2}$ = . 3375 —

zusammen . 6000 Thlr.

Rentevertheilung:

Ausführungsantheil.	Wiederanlage.	Bodenrente.
1200 Thlr.	2400 Thlr.	2400 Thlr.

Dies beträgt auf 1 geogr. Feldmaaß der ganzen Wirthschaft:

$2\frac{2}{5}$ Thlr.	$4\frac{4}{5}$ Thlr.	$4\frac{4}{5}$ Thlr.

§. 63.

Soweit haben wir nun die Uebergänge der heutigen Schlagwirthschafts-Einrichtungen in ihrer ersten natur- und wirthschaftsgemäßen Stufe, d. i. der Pflanzendüngung, entwickelt, von wo aus die Landgüter aller weitern Vervollkommnung fähig sind.

Durch die Vermehrung der Gesäme ist nun nichts mehr für die Reinertragmehrung auszurichten. Sie kann jetzt nur noch durch die Wechselwirkung der Pflanzendüngung und Mistdüngung, d. i. durch die erhöhete Dungkraft des Bodens, fortgesetzt werden, und dieses kann nur durch immer größeren Ertrag des Futter- und Weidebaues von derselben Fläche geschehen.

Von diesem immer größeren Ertrage ist (wie nun ausführlich gezeigt ist) der erste Grund die Gründüngung, indem man die durch dieselbe sich vermehrende Mistdüngung zur Ueberdüngung des Mengfutterbaues und zur stärkern Düngung der Hackfrüchte verwendet, so daß alsdann zweitens die dichteren und vielartiger zusammengesetzten Gräser- und Kräutergemenge der Wechselwiesen und Wechselweiden, welche vom 5ten oder 6sten Jahre an schon eintreten können, eine immer stärkere Bodenkraft finden.

Dies ist die Weise, wodurch die Grün- und Dreeschdüngung bis zum 10ten Uebergangsjahre eine jede Wirthschaft von dem Status quo (s. §. 45.), wo das geograph. Feldmaaß eine Pacht zahlte von . . . . 2 Thlr., leicht und sicher erheben kann auf baare . . . . 4⅘ Thlr.

Wenn nun aber der Besitzer die anderen 3/5, d. i. den Ausführungsantheil und die Wiederanlage (s. Tabelle VI.) des 10ten Jahres und bis zum 10ten Jahre mit scheelen Augen ansah und sich aneignete, so wird es Jedermann klar seyn, daß er sich den Fortschritt der Reinertragsteigerung verdorben und gehemmt hat.

§. 64.

Die Fortsetzung der Reinertragmehrung beruht auf zunehmender Geschicklichkeit der Leute und auf Wiederanlagen in dem Boden — nämlich auf dem Betrage, um welchen das Pflanzendüngungsverhältniß die jährliche Bodenkraftmehrung bewirkt.

So z. B. beträgt die mit dem 10ten Jahre erreichte Bodenrente pro geogr. Feldmaaß . . . . 4⅘ Thlr. auf die Gesammtmehrung des Reinertrags dieses 10ten Jahres von . . . . 6000 Thlr. Diese haben nun aber, nach dem Status quo im §. 45., einen Verwerthungspreis von 3/10 Thlr. pro 1 Ztr. Tgw. der Produktion und setzen daher eine Ertragmehrung über den Status quo voraus von . . . . 20,000 Ztr. Tgw.
Hiezu den Gesammtertrag des Status quo selbst mit . . . . 10,000 — —
zusammen . 30,000 Ztr. Tgw.

Mithin sind die 1000 Morgen mäh- und ackerbaren Wirthschaftslandes des Status quo gebracht pro ½ geographisches Feldmaaß auf . . . . 30 Ztr. Tgw. und pro 1 geogr. Feldmaaß auf . . . . . . 60 Ztr. Tgw. und hievon stellt sich das Verhältniß (nach den Erweisen in §. 21—25.) wie folgt:

	Gesammtertrag.	Ausziehung.	Wiedergabe.
	Zentner Tgw.		
50 Morgen gedüngte Kartoffeln zu 40 Ztr. Tgw. Ertrag . . .	2000	—	—
Ausziehung = 1	—	2000	—
Verfutterung	—	—	1000
Gründüngung à 30 Ztr. Tgw. .	—	—	1500
200 Morgen Winterung zu 40 Ztr. Tgw. Ertrag	8000	—	—
Ausziehung = 1¼	—	10000	—
Das Stroh	—	—	6000
Gründüngung à 30 Ztr. Tgw. .	—	—	6000
200 Morgen Sommerung zu 30 Ztr. Tgw. Ertrag	6000	—	—
Ausziehung = 1¼	—	7500	—
Das Stroh	—	—	4000
100 Morgen Gründüngung à 20 Ztr. Tgw.	—	—	2000
550 Morgen überdüngter Futter- und Weidebau zu 25 Ztr. Tgw. Ertrag circa	14000	—	—
Ausziehung = ½	—	7000	—
Verfutterung	—	—	13000
Dreeschdüngung = ¼	—	—	3500
1000 halbe geogr. Feldmaaße . . .	30000	26500	37000
Die Ausziehung beträgt . . .	—	—	26500
Ueberkraft . .			10500

§. 65.

Aus dieser vorstehenden Tabelle geht nun sehr anschaulich hervor: Erstens, daß, wenn man die Gründüngung wegläßt, wenig oder gar keine Ueberkraft verbleibt — folglich auch ohne die Gründüngung die heutigen Einrichtungen auf Stillstand verharren — was man mittelst der so einfachen Berechnung in dieser Tabelle leicht von jeder Wirthschaft finden kann; zweitens, daß mit der Gründüngung hingegen man die Ueberkraft der Wirthschaft treiben könnte bis auf 10,500 Ztr. Tgw. größerer Wiedergabe, als Ausziehung, d. i. bis auf . . . . . 1/3 der Gesammtproduktion — folglich dieselbe um so viel gesteigert werden kann.

Allein diese Steigerungsfähigkeit wird man benutzen, um Rapps oder andere gedüngte Handelsfrüchte mit Waizen zu wechseln, und daher 50 bis 100 Morgen weniger Gründüngung führen, so daß die Ueberkraft hiedurch auf 1/4 herabsinken wird, oder auch auf . . . . 1/5.

§. 66.

Diesen Betrag, nämlich 1/5 Ueberkraft des Gesammtertrages, durch die ersten 25 Jahre beständig fort zu erhalten, ist das Grundbedingniß der baaren Rentemehrung.

Ich setzte nämlich (im Vorworte §. 10. 20.) voraus, daß nicht bloß der Gutsherr auf das Steigen seiner Bodenrente, sondern auch die Pächter- und Beamtenschaft, oder jedes Individuum der Wirthschaft überhaupt bis zum Tagelöhner herab auf das Steigen seines Ausführungsantheils Geld zu borgen im Stande seyn könne, mithin der Ausführungsantheil und die Bodenrente kreditfähig begründet und eingerichtet werden müssen; denn dies wird ja nothwendig, sobald die Hypotheken abgelöst sind und die Güter selbst fortan unverschuldbar bleiben sollen, mithin nur auf den Betrieb Geld geborgt werden kann. Der Kredit kann aber nur so weit gehen, als der Ausführungsantheil und die Wiederanlage und die Bodenrente mit einander alljährlich fort zu steigen organisirt sind. Wird nun also die Gesammtproduktion — wie aus der Tabelle in §. 64. sehr leicht zu entnehmen und für die einer jeden Wirthschaft zu berechnen steht — auf 1/5 Ueberkraft erhalten, so liegt hierin sehr natürlich der Grund des beabsichtigten Kredits; denn es wird sich dann — wenn auch die kostenmindernden Einrichtungen der IIten Tabelle gleichzeitig dabei beobachtet werden —

sowohl der Ausführungsantheil, als die Wiederanlage und die Bodenrente alljährlich um 1/5 steigern.

Diese Progression stellt Tabelle VI. von 1 geogr. Feldmaaß = 400 □Ruthen Rhein. dar, deren erste 10 Uebergangsjahre wir aus den Erweisen von §. 51—62. in diese Tabelle übertragen laben und die sich aus der Anleitung dieser Schrift für die verbeserte Gründüngung ergab, so daß sie also — nämlich die Gründüngung und die verstärkte Pflanzendüngung überhaupt — die erste Stufe des Uebergangs bildet.

§. 67.

Der Fortsatz dieser Progression zu 1/5 jährlicher Steigerung gründet sich nun aber auf den verbesserten Futter- und Weidebau, wozu das 2te Heft dieser Blätter anleiten soll.

Indessen ist aber schon aus den Anleitungen dieser Abhandlung zu entnehmen und insbesondere aus der Tabelle in §. 64., wie der Futter- und Weidebau durch die Gründüngung, durch die daraus erfolgende Ueberdüngung, durch seine vielartigen und gesündern Pflanzengemenge selbst, durch die verbessernde erdige Aufmengung seiner Matten u. s. w. zur schnellen und stetigen Ertragmehrung der Wirthschaft gebracht werden kann, wenn der Ausführungsantheil und die Wiederanlage vom Anfange an gehalten wurde.

Denn die zweite Stufe des Uebergangs, wodurch die Progression der Tafel VI. nunmehr die jährliche Erhaltung von 1/5 Ueberkraft fortzusetzen vermag, liegt in der Verbesserung der Erdgemenge der Bodenarten. Diese Verbesserung besteht aus allen denjenigen Meliorationen, welche man auf Tafel II. unter dem Titel „Urbarungen" angedeutet und in der Einrichtungskunst (§. 501—800.) nachgewiesen und entwickelt findet. Sie erfordern also große Vorschüsse und können daher auch nur durch die Progressions-Verhältnisse, welche in Tabelle VI. von dem Ausführungsantheil und den Wiederanlagen begründet sind, geleistet werden.

Denn die Dungkraft bleibt durch die gesteigerte Pflanzen- und Mistdüngung zwar für alle Bodenarten ein ausdauerndes

Mittel der Ertragmehrung; wenn man aber durch sie allein nur den Reinertrag mehren will, so findet sie an dem Erdgemenge der Bodenarten ihre Gränze, nämlich theils aus zu großer nutzloser Verdampfung, Dürre, Leichtigkeit (Ueberthätigkeit), theils aus zu großer Kälte, Nässe, Säure, Bindigkeit (Unthätigkeit) der Bodengemenge. Diese beiden Extreme können also nur durch die Tafel II. angedeuteten physischen und chemischen Mengverbesserungen der Bodenarten allmählig gehoben werden und daher vorzüglich durch die Aufmengung der den Bodenarten an ihrer Vervollkommnung fehlenden erdigen Bestandtheile auf die 6jährigen Matten der Wechselwiesen und der Wechselweiden.

Die allmählige Umwandlung der schlechtesten Böden zu den reichsten und ergiebigsten wird manche Leser in Erstaunen setzen; allein sie ist zur Erfüllung der Progression auf Tafel VI. nöthig, und wir wollen sie nicht ohne die unfehlbar sicher begründeten Mittel der Wiederanlagen in die Kunstfähigkeit des ganzen Wirthschaftspersonals und in die Ertragfähigkeit des Bodens selbst. So z. B. denke man sich, da die Zahlen der Tabelle VI. nur von 1 geogr. Feldmaaß gelten, diese Zahlen für 1000 Morgen, so hat man im 15ten Jahre auf 10000 Thaler Bodenrente, 10000 Thaler Wiederanlage für 5000 Thaler Ausführungsantheil der Steigerung dieser Dinge, wodurch also das, was wir hier zu beweisen haben — die reellste Sicherheit der jährlichen Steigerung der Bodenrente in der Progression des Uebergangs auf Tafel VI. um 1/5 — Jedermann einleuchten wird, bis es die Folgehefte dieser Blätter noch näher durchführen werden.

§. 68.

Die dritte Stufe des Uebergangs in die Organisation steigender Rente ist die Schützung des Bodens.

Denn die verbessernde Mengung desselben findet ihre Gränze der Reinertragmehrung an dem Mangel günstigerer klimatischer Einwirkungen, als heute herrschen. Ohne deren Verbesserung kann das beste Bodengemenge keine so vortheilhafte (klimatische)

Luftnahrung üben, als mit derselben, d. h. durch eine gutgestellte Schützung des Bodens und ebenso auch durch ihren eigenen Reinertrag an Holz, Obst und allen übrigen Produktionen unsers Schützungssystems.

Will man aber endlich auch diese Schützung des Bodens, so wird doch ihre Anlage ebenfalls die Gränze der Reinertragmehrung finden, wenn sie nicht auf die Kostenminderungs-Einrichtung begründet und gestellt ist, welche in Tafel II. bereits (im Vorworte §. 10. 6.) erklärt wurde.

§. 69.

Dies ist die Kette der Dinge, durch welche ein Landgut seinen Reinertrag beständig fort vermehren kann, deren erstes Glied die verbesserte Gründüngung ist, die wir nun beschrieben haben, und aus welcher alle übrigen Glieder — je nachdem der Ausführungsantheil und die Wiederanlage in dem Boden geschickt und wirthschaftlich geführt wird — die Bodenrente bis zum 25sten Jahre alljährlich um 1/5 des vorigen Jahres zu steigern vermag.

In 25 bis 30 Jahren sind die auf Stocktrieb bewirthschafteten und gestellten Heckenringe der Schützung ganz und ihre theils auf Hochwald-, theils auf Mittelwald-Wirthschaft gestellten Feldhölzer größtentheils herangewachsen. In dem Zusammenwirken der Schützung mit der verbesserten Mengung des Bodens wird dann die Wiederanlage, ungeachtet ihrer zunehmenden Größe — was wir eben in dem folgenden Theile erweisen werden — sich allezeit verzinsen über . . . 10 Procent, und, was zum Voraus schon in Taf. VII. zu übersehen ist, bis zum 50sten Jahre hin.

§. 70.

Aus dem Uebergang zu dieser Einrichtung der Landgüter und auf die Betriebs-Einrichtung des Ausführungsantheils = 1/5 der jährlichen Reinertragmehrung und der jährlichen Wiederanlagen = 2/5 erhellt daher: wie in den ersten 20 Jahren ein jedes Gut seine Hypotheken ablösen kann durch das eine 1/5 der Bodenrente — und die Wohlstandserhaltung seiner Familie zu bewirken vermag durch das andere 1/5. (Vergl. das Vorwort §. 10. 16.)

Es sey z. B. angenommen, daß das im §. 45. zu Grunde gelegte Gut von 1000 Thlr. Pacht des Status quo verschuldet sey mit . . . . 20,000 Thlr., so beträgt der Uebergang im 15ten bereits einen summarischen Betrag der Bodenrente auf 1 geogr. Feldmaaß von 60 Thlr. und im 17ten Jahre über 80 Thlr., was daher auf die 500 geogr. Feldmaaße oder die 1000 Morgen des Gutes im §. 45. beträgt bei . . . . 40,000 Thlr., folglich durch das eine 1/5 der Bodenrente = 20,000 Thlr. vom 1sten bis 20sten Jahre die Hypotheken-Ablösung bewirkt seyn kann, indessen für die Wohlstandserhaltung der Familie verblieb das andere 1/5 = . . . 20,000 Thlr.

Ebenso auch wird es begreiflich, wie in dem fortgesetzten Uebergange der Tabelle VII. für die Erbkapitalien der Töchter und die Erbtheile der Söhne, theils an Kapitalien, theils durch Zerlegung der größern Güter mittelst Abbauten, die gleiche Erbtheilung auf diese Betriebseinrichtung des eisern gestellten und durch die doppelte Buchhaltung alljährlich erwiesenen Ausführungsantheils und der Wiederanlagen gebildet und gesichert werden kann; folglich diese Behauptungen zu Ende des Vorworts hiemit erwiesen werden.

Sehen wir nun auf diesen Uebergang zurück, so sind für seine Sicherheit die ersten Versuchsjahre mit der Gründüngung aus wilden Pflanzengesämen abgeschlagen (§. 51.), die Sache schon eingeübt angenommen und die Anwendung so langsam progressirt, daß sie von jedem thätigen Landwirth sehr leicht übertroffen werden kann.

Es ist also dieser Uebergang, welchen Tafel VI. darstellt, als allgemein anwendbar und seinen Zweck erfüllend auszuführen, nämlich die Bodenrente mit der größten Sicherheit fort und fort zu steigern.

Da nun aber dieses dem einzelnen Landwirth noch weit leichter fallen wird, wenn er hierin durch eingelernte Wirthschaftsbeamte und Leute unterstützt würde, so bedarf es noch einiger Worte

Ueber die Grundlinien der Provinzial-Landbauschulen.

§. 71.

Die provinziellen Verhältnisse haben so viel Eigenthümliches, daß sie besonderer Landbauschulen für ihre klimatischen und politischen Rücksichten nöthig haben.

Wenn diese provinziellen Landbauschulen aber Wirthschaftsbeamte und landwirthschaftliche Zöglinge aller Art liefern müssen, welche für die Einrichtung steigender Rente überall brauchbar sind und sich jeden Orts für dessen Uebergänge zu helfen wissen sollen: so müssen diese Zöglinge nicht bloß in Bezug auf diese Uebergänge vollständig unterrichtet, sondern auch schon in ihrer Lehre selbst für die lokalen Unterschiede und Anpassungen gewandt und erfahren gemacht worden seyn.

Die Lehre in einer einzelnen Wirthschaft ist dazu nicht hinreichend, wenn sie auch noch so musterhaft ist. Eine Lokalität ist für die Anpassung des Systems steigender Rente zu wenig und macht einseitig. Die Eindrücke der Jugend bleiben für immer; die Gewohnheit wirkt zu mächtig. Es dürfte daher nöthig seyn, daß sogleich in der Lehre die Zöglinge für die verschiedensten lokalen Anpassungen der Uebergänge eingelehrt werden. Dies kann nur dadurch möglich werden, wenn die Zöglinge für jedes Jahr ihrer Lehre in eine andere Wirthschaft versetzt werden, weil ihnen jede Wirthschaft andere Verhältnisse des Bodens und der Umstände darbietet und daher die Uebergänge derselben ihre Erfahrung und Anschauung erweitern. Zu diesem Ende aber ist es das Grunderforderniß der Provinzial-Landbauschulen, daß sie aus mehreren zusammenhängenden Wirthschaften bestehen müssen, und zwar von möglichst verschiedenen Böden und Lagen.

§. 72.

Viel zu complicirt und kunstreich sind die lokalen Einrichtungen der steigenden Rente, als daß sie in kurzer Zeit, oder aus dem bloßen Zuschauen und gleichsam, nach heutiger dünkelhafter Art, aus dem bloßen Geruch der Sache zu erlernen wären.

Die Lehre der Zöglinge muß ein wirkliches Dienen seyn. Die Landwirthschaft ist ein Gewerbe und in ihrer höhern Ausbildung eine Kunst, die nur durch den Dienst gelernt werden kann. Es ist daher die Lehre nicht unter 4 bis 5 Jahren so zu beendigen möglich, daß die Zöglinge als tüchtige Wirthschafter dieses Systems früher entlassen werden könnten.

Dies setzt also voraus, daß die Provinzial-Landbauschulen aus Gütern von vier bis fünf verschiedenen Wirthschaften bestehen müssen, um ihren Zweck erfüllen zu können.

§. 73.

Dieses ist ferner auch aus der Ursache nöthig, weil der Zweck der Provinzial-Landbauschulen nur die musterhafteste Einrichtung steigender Rente seyn kann, mithin diese Güter ihre Rente nicht durch ihre Zöglinge zu schmälern, sondern zu vermehren bezwecken müssen. Sie werden daher nicht mehr Zöglinge halten, als sie für ihren Zweck nützlich beschäftigen können. Da nun dieses aber nur dienend geschehen kann, so sind mehrere Wirthschaften und Vorwerke nöthig, um die Zöglinge darauf, unter der Leitung ihrer verschiedenen Vorgesetzten, dienend vertheilen zu können.

§. 74.

Es gereicht sonach durchaus zum Vortheil aller größern Güter und dient zur Erleichterung der Direktion, wenn die Besitzer solche als Provinzial-Landbauschulen dieser Art betrachten wollen, nämlich als praktische Bildungsanstalten junger Leute für die eigenen lokalen Entwickelungen dieser Güter selbst.

Man weiß, wie schwer es ist, gute Beamte zu bekommen. Wo man aber deren hat, kommt man durch ihr Absterben, oder durch ihre Dienstveränderungen wiederum in Verlegenheit; abgesehen davon, daß man immer von der Schule und der Erfahrung seiner Beamten abhängt und mit Recht auch nicht erwarten kann, daß sie sich in Neuerungen einlassen sollen, deren Nutzen sie nicht einsehen.

Stellt man nun aber unter die Leitung der verschiedenen Wirthschaftsbeamten der größern Güter dienende Zöglinge, so hängt es nur von dem Lehrsystem ab, daß sie ganz zum Vortheil der Güter ausgebildet werden, indem sie ihren Vorgesetzten die Geschäfte und die Fortschritte in den Uebergängen steigender Rente, so wie auch die Führung der (§. 10. 11. des Vorworts berührten) doppelten Buchhaltungs-Journale erleichtern helfen, wodurch sie sehr nützlich dirigirt werden können und in ihnen eine beständige Pflanzschule immer vollkommnerer Beamten für die eigenen Güter selbst sowohl, als für die Umgegend gebildet werden kann.

§. 75.

Ein solches Lehrsystem würde ich zuvörderst in den Instructionen begründen, welche für die verschiedenen Dienstfächer nöthig sind und durch welche bei größern Gütern sich die Einrichtung steigender Rente vollführt.

Diese Dienstzweige oder Aemter haben sehr verschiedene provinzielle Benennungen, die man oft in der nächsten Gegend schon nicht mehr versteht und verwechselt, daher sie einer allgemein verständlichen Benennung und Bezeichnung bedürfen. Es sind deren folgende:

Die Verwaltung, die Leitung der ganzen Wirthschaft führend — z. B. die Berechnung der Bodenkraft- und der Reinertragmehrung aller Zweige des Gutes auf den Grund des Einrichtungs- und Uebergangsplanes — ebenso der Veredelung der Viehzucht und des gesammten Pflanzenbaues. Sie macht Voranschläge dieser Art und setzt daneben die wirklichen Erfolge — z. B. mit den Fabrikaturen der Hofwirthschaft, mit den jährlichen Bestellungen der Felder, mit der Düngung und Aufmengung der Felder, mit der Paarung, Nahrung und Haltung des Viehstandes, mit der kulturistischen und klimatischen Produktion der Schützungsanlagen u. s. w.

Die Hofwirthschaft, den Vertrieb aller Vorräthe von Geld, Natural und Arbeit führend. Sie empfängt und giebt aus auf Anweisung der Direktion: alle Vorräthe der Kasse, Scheunen, Speicher, Höfe, Keller, und führt daher auch die doppelte Buchhaltung der Wirthschaft. Sie verwaltet die Fabrikaturzweige der Brauerei, Brennerei, Ziegelei, Mastung, die Haltung des Kleinviehs u. s. w.

Die Feldwirthschaft, den Betrieb aller und jeder Arbeiten des Ackerbaus und der Bodenverbesserungen führend.

Die Küherei, die Haltung der Kühe und die Bereitung derer Produkte führend — indem dieser Dienstzweig in der Einrichtung steigender Rente auch auf den ärmsten Böden durch die fortgehende Kraftvermehrung derselben und die Vorhut der eingeschützten Wechselweiden eintritt.

Die Schäferei — den Betrieb nicht bloß durch die Paarung, sondern auch durch die vollkommnere Nahrung und Haltung, welche die Einrichtung des Gutes gewährt, veredelnd.

Die Gärtnerei, die Lieferung aller Gesäme des Gründüngungs-, Futter- und Weidebaues, die Anzucht, Pflanzung, Haltung und Nützung der ganzen Obst- und Holzzucht, die Bienenzucht und den Seidenbau des Schützungssystemes der Felder leitend.

Die Instructionen für diese Dienstzweige der Wirthschaft theile ich ab: 1) für das persönliche Dienstverhalten der Beamten dieser Fächer, ihrer Zöglinge und ihrer Gesinde und Tagelöhner; 2) für die populäre wissenschaftliche Anleitung zu jedem dieser Fächer, und zwar so viel möglich in tabellarischen Formen, um den Zusammenhang faßlich zu erhalten, so daß die ganze Richtung auf den Zweck der Wirthschaft hinausläuft, nämlich: wie ein jedes dieser Fächer die Rente seiner Gegenstände zu steigern vermag.

Es stehen daher diese Journale mit den schon (§. 10. 11. des Vorworts) berührten Journalen dieser Dienstzweige in engster Verbindung und sind — sammt dem Ausführungsantheil — das Band, wodurch die Zöglinge und die Dienstleute jedes dieser Fächer mit ihren Vorgesetzten für den Zweck der ganzen Wirthschaft zu Eins verbunden werden. Dieses aber noch mehr zu bewirken, sind auch die Ausführungsantheile der Zöglinge und Dienstleute so gestellt und geordnet, daß sie nur den Ausführungsantheil ihrer Vorgesetzten steigern können.

Es wird daher dem Leser hiedurch schon einleuchten, wie sehr erleichternd diese Instruktionen für die Direktion sind, und wie sehr sie, die Zöglinge zu gleicher Zeit praktisch und wissenschaftlich ausbildend, das Lehrsystem der Provinzial-Landbauschulen begründen würden.

§. 76.

Zwar habe ich, wie gesagt, noch niemals diese Instruktionen weder auf den Ausführungsantheil begründen können, noch auch auf den vollen Einrichtungsplan steigender Rente, sondern nur auf die ersten Stufen derselben, weil weder die Güter, noch die Gesinnung dafür schon geeignet waren; allein es ward mir doch das tägliche Disponiren auf den Grund der ertheilten Instruktionen um so viel leichter, als ein Verständniß des Verhaltens zu Grunde lag, was ich im Laufe der Uebergänge so viel nöthig immer mehr ausbildete. Ich habe daher für den Zweck der Provinzial-Landbauschulen noch zu bemerken, daß durch die strenge und öftere Prüfung der Zöglinge über die Instruktionen ihres Fachs die allgemeinen jährlichen oder monatlichen Dispositionen, so wie die täglichen Wirthschaftsverordnungen der Direktion und der Verwaltung äußerst erleichtert werden, und daß diese Dispositionen selbst zugleich den zweiten Grund des Lehrsystems bilden müßten.

§. 77.

Als dritten Grund des Lehrsystems würde ich die sonntäglichen Prüfungen der Zöglinge auf den Grund der Instruktionen ihrer Dienstzweige halten und dazu noch den Cursus der Landwirthschaftslehre und ihrer Hülfswissenschaften fügen.

Ich würde also nicht mit der Theorie zuerst beginnen, sondern mit dem praktischen Dienst, durch die geschäftlichen und wissenschaftlichen Instruktionen erhellt, und hierauf erst die Zöglinge in die theoretischen Lehrcourse aufnehmen.

§. 78.

Die endliche Prüfung der als ausgelernt zu entlassenden Zöglinge betreffend, so würde sich der Grad ihrer öffentlichen Brauchbarkeit durch den Grad des Ausführungsantheils beurkunden, welchen sie in ihrer Provinzial-Landbauschule erlangt haben; denn derselbe würde durch die Art und Weise, wie die Journale der benannten 6 Dienstzweige geführt werden, und durch die darüber zu Grunde gelegten Instruktionen den Wetteifer freistellen, ihn zum Interesse aller Betheiligten machen, als Thatsache journalisirt und sonach zum Zweck seiner Würdigung außer allen Zweifel gesetzt werden.

§. 79.

Den sittlichen Geist betreffend, welchen die Provinzial-Landbauschulen in ihren Zöglingen erwecken möchten, kann es, im Angesichte jenes ächten Landbaugeistes, durch welchen die Eigenthümer dieser Güter nur gewinnen können, kein anderer, als der Geist der Demuth und der Liebe werden: Ersteres, weil ein Jeder, Lehrer oder Zögling des Landbaus steigender Rente, es sich sagen wird, daß die größte Kunst und Einsicht gegen das, was noch in dem Buche der Natur und Gotterkenntniß — deren Grund doch offenbar das System steigender Rente seyn kann — zu lernen übrig bleibt, nur dem Tropfen im Meere gleicht; — und Letzteres, weil der Ausführungsantheil jeden der Betheiligten von dem Werthe und Wohle des andern abhängig macht, dieses fordert und befördert, mithin die Fähigkeiten und den Werth des Menschen mehr als bisher schätzen macht.

§. 80.

Dies sind einige der Grundlinien, wie sie mir für das Wesen der Provinzial-Landbauschulen zu bemerken nöthig schienen und wodurch die Besitzer solcher größern Güter (wie schon §. 8. des Vorworts bemerkt wurde) ihren Glanz und Wohlstand in der Kultur und Ausbildung ihres vaterländischen Bodens und Volkes wiederfinden können. Mögen sie aber auch so groß gesinnt seyn, keinen Dank dafür zu wollen, sondern darauf gefaßt seyn — wie es mir ergeht — ihren edelsten Absichten die niedrigsten untergelegt zu sehen. Einerseits werden sie von dem Dünkel einer aufgeblasenen Ignoranz, andererseits von der Gleißnerei einer bethörten Selbstsucht zu leiden haben. Indessen bleibt der Geldvortheil der Sache zu groß, und ich muß aufrichtig gestehen, daß der Geist und die wohlthuenden zeitbedürftigen Erfolge, wodurch dieser große Geldvortheil der Sache die schlechteste liebloseste Gesinnung gut zu handeln zwingen wird, für mich den größten Reiz hat.

§. 81.

So z. B. ist die Progression der Tafel VI., unter dem Titel einer Provinzial-Landbauschule, eben so gut von den geldgierigsten, als von den ehrgeizigsten der einzelnen Landwirthe auszuführen; allein es werden die Einen ihren Geldgeiz dem Ausführungsantheil und die Andern ihre Ruhmsucht ihrem Vortheil opfern müssen. Beide schleichen bereits, z. B. in den Marienwerderschen landw. Mittheilungen, um die Sache her, wie die Katze um den heißen Brei, gewisse Formen suchend, zu gleicher Zeit die Sache zu höhnen und anzunehmen. Wird denn aber das schleichende Fieber des Abwirthschaftens hiedurch geheilt werden, trotz der übrigen guten Fähigkeiten, die man sonst als Landwirth besitzt? —

Andere philosophiren wieder so: Wenn die Sache von so großer rentemehrender Kraft ist, so muß sie ja auch ohne den Ausführungsantheil uns Nutzen bringen; wir wollen daher unsern Gewinn selbst behalten und mit unserm gebrödeten Volke nicht theilen.

Zu groß bleiben also die Schwierigkeiten noch in der heutigen Gesinnung, wie in der rechten Einsicht, in dem Eigennutz, wie in der Eigenliebe. Allerdings werden die einzelnen Landwirthe gute Vortheile von den einzelnen Grundlagen dieses Systems haben, und ich werde mich in diesen Blättern sehr bemühen, dazu anzuleiten, weil sich der Geschmack für den wahren Vortheil dann schon weiter finden dürfte.

Es bleibt daher noch übrig, zu zeigen, was die obberührten Grundlinien einer Provinzial-Landbauschule mittelst der Domainen leisten könnten.

§. 82.

Eine Landbauschule kann niemals anders, als provinziell seyn, und um eben eine Schule zu seyn, kann sie ihren Zweck, die steigende Rente, nur als Landesbildung erfüllen.

Daß dieser Charakter den größern Gütern mehr, als den kleinern, eigen ist, haben wir so eben gezeigt, und daß sie ihres eigenen Vortheils wegen nichts anders als Provinzial-Landbauschulen seyn können.

Mit den Domainen ist dieses noch weit mehr der Fall. Sie würden — wie die Meierhöfe Carl's des Großen ihrer Zeit *) — den heutigen Bedürfnissen gemäß, die provinziellen Staats-Landbauschulen werden, nämlich:

- für den Volkswohlstand durch den Ausführungsantheil;
- für die Landeskultur — und man darf sagen für die klimatische Länderbildung, die doch am Ende Regierungssache werden muß — durch die Wiederanlagen;
- für die allgemeine Schuldentilgung durch die steigende Bodenrente.

Ein solcher Vorgang der Domainen würde also den beliebten, von der Börse geholten Gemeinplatz: der Staat soll nicht Kaufmann, nicht Speculant, nicht Fabrikant, nicht Landwirth seyn, sondern nur durch die Schule den Nationalerwerb regieren, dadurch widerlegen: daß der Staat der Regent der Kirche, des Heeres, der Schule durch den Boden zu seyn von der Vorsehung gedacht ist, wohin alle heutigen Begebenheiten und alle guten Ansichten über dieselben fruchtbarer Weise deuten.

*) Nach Anton's Geschichte der teutschen Landwirthschaft.

§. 83.

Eine Domaine kann eben so gut durch Pachtung, als durch Selbstregie auf den Ausführungsantheil und als Provinzial-Landbauschule bewirthschaftet werden, nämlich: indem der Pächter für das sichere Steigen der Renten und deren offenen Erweis durch die von den 6 Dienstzweigen der Wirthschaft journalisirte doppelte Buchhaltung sich mit der Regierung einigt, und indem er dabei seinen Profit und seine Emolumente des Status quo, welchen er vor der Einrichtung auf den Ausführungsantheil hatte, behält. Nur ist dabei der Unterschied, daß das Inventar nicht vom Gute getrennt werden darf, indem es sich, und vor Allem der Viehstand, durch die Steigerung der Bodenkraft und der Schützung fort und fort in sich selbst veredeln muß.

Eine solche Pachtung ist also nur die des Ausführungsantheils des Pächters.

§. 84.

Zum Andern dürfte jedoch der Leiter der Provinzial-Landbauschule auch der Einrichter derselben seyn müssen, weil Einrichtung und Direktion so sehr verwandte Dinge sind, daß sie sich kaum von einander trennen lassen.

Es wäre also bei den Zöglingen auf solche Talente Rücksicht zu nehmen, welche sich für diese Gegenstände besonders anlassen, wo anders die Ablegung eingelehrter Wirthschaftspersonale auf andere Domainen beabsichtigt wird.

§. 85.

Vor dem 5ten Jahre wäre es nicht wohl möglich, ein erstes gut eingelehrtes Wirthschaftspersonal liefern zu können, und daher sind die Ablegungen der Filiale aus ihrer Mutterschule in Tafel VI erst vom 6ten Jahre angenommen.

Ausgebildet kann sie dem ungeachtet ihre Zöglinge schon in den ersten 5 Jahren liefern, obschon die ganze Einrichtung noch nicht dargestellt ist, indem dazu bereits alle Grundlagen in den ersten 5 Jahren gemacht werden, die Mutterschule das Muster ihrer Filiale bleibt und die Entwickelung derselben zu dirigiren hat.

§. 86.

Eben deswegen müßte die provinzielle Staats-Landbauschule auch größer, als ihre Filiale seyn, nämlich bei 3000 geogr. Feldmaaß Wirthschaftsland enthalten, als worauf sich dann gewöhnlicher Weise 4 bis 5 Vorwerke befinden, um darauf bis zum 5ten Jahre die ersten Zöglinge dienend ausbilden zu können, und zwar in den verschiedensten Verhältnissen.

Vom 5ten Jahre an würde sie dann die abgehenden ersten Zöglinge durch neue ersetzen, so daß die im 2ten Jahre eingetretenen im 7ten Jahre abgehen, und so fort sich jedes Jahr ein gut eingelehrtes vollständiges Wirthschaftspersonal, sammt der Lieferung des Einrichtungsplanes für eine neue Domaine, aus ihr ablegen und dirigiren könnte.

Diese Direktion der Filiale aus der Mutterschule würde unstreitig durch die vorberührten Mittel des Lehrsystems eben so wirksam als leicht zu führen seyn.

§. 87.

Der summarische Betrag an Bodenrente einer solchen Provinzial-Landbauschule an sich selbst auf 1 geogr. Feldmaaß ist in den ersten 25 Jahren, nach Tafel VI., 330 Thlr.
und von ihren 20 Filialen, d. i. auf 20 geogr. Feldmaaße, bei . . . . 834 —
zusammen 1164 Thlr.

Es ist also aus dieser Tabelle zu entnehmen, wie viel der einzelne Gutsherr, oder der Complex einer Domainen-Einrichtung in dieser Zeit und auf ihren verschiedenen Arealen die Bodenrente mehren können, wovon schon aus §. 70. die Art und Weise in Beziehung auf das Vorwort (§. 10. 16—20.) ersichtlich wurde.

§. 88.

Fast eben so viel ergiebt sich bis zum 25sten Jahre durch die Enkel- oder After-Filiale der provinziellen Staats-Landbauschule, d. i. durch die aus den Filial-Domainen sich wiederum durch eingelehrte Wirthschaftspersonale ablegenden Güter — wie solches in Tafel VI. auschaulich hervorgehoben ist — nämlich im Betrage von . . . . 1120 Thlr., wiewohl auf weit größerer Fläche.

Denn diese Enkel-Filiale der provinziellen Staats-Landbauschulen beginnen erst vom 10ten Jahre derselben, d. i. vom 5ten Jahre der ersten Filial-Domaine an; und es stellt sich ihr summarischer Betrag an Bodenrente nach Tabelle VI., wie folgt, dar:

für Nro. 1. vom 10ten bis 25sten Jahre durch das Dreieck a b c;

für Nro. 2. vom 11ten bis 25sten Jahre durch das Dreieck d e c;

für Nro. 3. vom 12ten bis 25sten Jahre durch das Dreieck f g c u. s. w.

§. 89.

Angenommen nun, daß die ausgelernten Wirthschaftssubjekte der Filial-Domainen in die Dienste der Gutsherren übergehen, so würden ihre Güter die Enkel der provinziellen Staats-Landbauschulen zu nennen seyn, und darunter, gewiß nicht eher, noch auf anderem Wege, die Güter der Corporationen, der Aktiengesellschaften, der provinziellen Creditvereine und der vornehmsten Gutsherren sich befinden können.

Aus diesen Gütern würden sich dann die eingelehrten Wirthschaftssubjekte zu den Gütern der kleineren Besitzer und bis zu den bäuerlichen Gütern hinab verbreiten können, wenn nicht, was offenbar in der Natur der bäuerlichen Güter liegt, besondere Landbauschulen für sie nöthig gefunden werden.

§. 90.

Die Erfolge des Ausführungsantheils bis zum 50sten Jahre sind bereits zu Ende des Vorworts in der Anwendung gezeigt. Denn der Zweck, nach welchem ich diese Schrift beurtheilt wünschen muß, ist ein doppelter und nicht zu trennen, weil die eine Hälfte desselben die andere beweisen muß: einmal, die Mittel und deren Art und Weise anzugeben, wodurch der Landwirth durch eingelehrte Wirthschafter unterstützt werde, was meiner Ansicht nach nur vom Staate ausgehen kann; zum Andern, ein allgemein anwendbares Uebergangsmittel zu begründen, wodurch die Landwirthschaft entwickelungsfähiger wird, nämlich die verbesserte Gründüngung mit wilden Pflanzengesämen — was von einem jeden Landwirth ausgehen kann. Möge dieser doppelte Zweck also seine Anerkennung finden.

Dritte Abhandlung.

Erfahrungen
über den
verbesserten Futter- und Weidebau.

Dritte Abhandlung.

Der verbesserte Futter- und Weidebau.

Ueber die Grundsätze des Futter- und Weidebaues für den wissenschaftlichen Zusammenhang des Einrichtungssystems steigender Rente und über das Verhalten der einzelnen Pflanzenarten des verbesserten Futter- und Weidebaues muß ich ersuchen, in der Einrichtungskunst nachzusehen (§. 501–600. daselbst). Denn hier habe ich nur die schlichten Erfahrungen und die weitern Entwickelungen vorzutragen, welche sich aus meiner vieljährigen und mannigfaltigen Praxis für diesen Gegenstand ergeben haben, nämlich: wie der Futter- und Weidebau zu so großer kostenmindernder und ertragmehrender Einrichtung gebracht werden kann, daß er die zweite Grundlage der Einrichtung steigender Rente zu bilden im Stande sey.

Ueber den einjährigen Futterbau.

§. 1.

Hieher gehört das Stroh der Feldfrüchte, der Kartoffel-, Rüben-, oder Kohlbau und der einjährige Kleebau.

Die meisten Wirthschaften führen noch ein Uebermaaß von Strohfutter und sind daher genöthigt, Erbsen, Wicken, Buchwaizen, oder zusammengesäete Sommerung, als z. B. Sommerroggen mit Hafer und Gerste und Hülsenfrüchten, als so ge-

genanntes Mengkorn, zum Futter zu bauen, oder aber einen großen Theil der für den Markt bestimmten Körner selbst zu verfüttern.

Wer sieht nicht ein, wie kostspielig dieses Verfahren und dieser Zustand ist? Man muß für diese Futterfrüchte alle Arbeiten und die Saat wie für die Marktfrüchte verwenden und hat dafür doch nicht den halben Lohn; sie geben nur ein schlechtes grobes Futter und zum öftern gerathen sie gar nicht, aus Ursache des ausgesogenen Bodens.

In neueren Zeiten hat man daher den Kartoffelbau sehr ausgedehnt, weil derselbe dankbarer ist, weil er die Wirthschaftsleute besser ernährt, den Boden mehr reinigt und mürbt, das Strohfutter saftiger und nahrhafter macht und daher auch den Mist vermehrt und verbessert; allein alle diese Vortheile leistet das Kartoffel-, Rüben-, oder Kohlfutter — so schätzbar es übrigens ist — nur auf eine höchst kostspielige Weise, und das Heu wird dadurch dennoch nicht ersetzt.

So erscheinen heute die Landwirthe hinsichtlich des Futterbaues entweder noch als Strohwirthe, oder avancirt als Kartoffelwirthe; allein beide haben einen gefährlichen Stand, aus welchem sie nur das Heu erlösen kann, nämlich der mehrjährige, durch die verbesserte Gründüngung bewirkte 2—3jährige Futterbau und durch diesen der 6jährige Wechselwiesenbau. Denn Wer seinen ganzen Acker alljährlich unterm Pfluge halten und besäen soll, und, wie der Strohwirth, doch nur von dem halben Acker erntet, oder, wie der Kartoffelwirth, eben so großen Ausgaben als Einnahmen nachstrebt, den werfen die Veränderungen der Zeitumstände sehr leicht über den Haufen.

§. 2.

Sieht man nun diesem gefährlichen Zustande auf den Grund, so liegt dieser darin, daß der mehrjährige Futterbau noch gar nicht, oder doch zu wenig, oder zu kraftlos, d. h. von zu geringem Ertrage von der Fläche betrieben wird. Denn es ist wohl sehr einleuchtend, daß ein mehrjähriger und dabei auch ertragreicher Futterbau die Wirthschaft zu gleicher Zeit verwohlfeilert und verbessert.

Ein mehrjähriger Futterbau kostet so viel weniger Risico an Saat und Arbeit, als er eben mehrere Jahre liegen kann; und sobald er auf kraftvolle Gründüngung gebaut wird, wächst sein Ertrag mit jedem Jahre. Hievon wird diese Abhandlung überzeugen können.

Ein zweijähriger Futterbau kann also 2mal,
ein sechsjähriger 6mal
wohlfeiler, als der einjährige werden.

Man kann nur durch den mehrjährigen Futterbau Ertrag und Einkünfte zugleich steigern und verwohlfeilern; man kann nur durch ihn seinen Viehstand zugleich vergrößern und veredeln; man kann durch ihn nur, wie es sich gebührt, in Betreff der wandelnden Zeitumstände auf den beiden Stühlen der Viehzucht und des Fruchtbaues mit größerer Sicherheit sitzen.

§. 3.

Dies denkt man sich aber gewöhnlicher Weise nicht anders ausführbar, als durch eine plötzliche Veränderung der Feldereintheilung, was doch im Grunde noch größere Unwirthschaft ist.

Man sieht oft plötzlich ein, daß die Fruchtwechsel zu aussaugend waren, legt nun mit einem Mal mehr Kleebau und Weide ein und erntet die schlimmsten Ausfälle an Körnern, Futter und Einkünften, weil — der Boden noch nicht dazu vorbereitet war! —

Diese Vorbereitung ist nun aber, wenn man nicht die verbesserte Gründüngung anwendet, schlechterdings nicht ohne größeres Betriebskapital, oder ohne Ausfälle möglich. Denn lege ich einen größern Futterbau ein, so muß ich den Körnerbau verkleinern und habe sonach Ausfälle in den Einkünften. Entziehe ich der Brache den Mist, um ihn auf den Futterbau zu verwenden, so habe ich ebenfalls Ausfall, weil dieser Mist sich durch das Futter nicht so schnell, als durch's Getraide, bezahlt. Säe ich der gedüngten Winterung den Klee ein, so fehlt mir die Sommerung danach, und ich habe Ausfall in der Pacht, weil der Klee nicht so viel Rente, als die verlorne Sommerung, giebt. Entziehe ich der Winterung den Mist, um die Kartoffeln im frischen Mist, statt im Sommerfelde, zu bauen, so leidet der Ertrag der Winterung. — In allen diesen Fällen gehen mehrere Jahre darauf, ehe die Kosten der Düngervermehrung wieder ersetzt werden, und man muß entweder Kapital vorschießen, oder Ausfälle in den ersten Jahren erleiden, um zu einem größern Futterertrage gelangen zu können.

Beides ist durch die verbesserte Gründüngung gänzlich zu vermeiden. Mittelst derselben veränderte ich an den Wirthschaften gar Nichts, hatte daher auch kein Maulgesperr mit den Leuten und der Umgegend und erzeugte die ersten und schnellsten Vorschüsse für die Verbesserung der Güter durch die üblichen Marktfrüchte selbst und hierauf erst durch den verbesserten Futter- und Weidebau. (Vergl. die vorige Abhandlung.)

Ueber den zwei- und dreijährigen Futterbau.

§. 4.

So gute Mahten der Klee auf seinem Boden und in guten Jahren giebt, so schlecht ist man doch auf schwachen Böden und in ungünstigen Jahren durch ihn bedient; er bleibt dann stecken, dauert nur ein Jahr und verqueckt das Land. Diesem abzuhelfen und mir sicherere Mahten zu schaffen, mengte ich ihn mit Gräsern und Kräutern, die statt seiner gedeihen und die wenigstens 2 Jahre mähbar bleiben; oder ich ließ solche in Weide ausgehen, daß sie auch noch mehrere Jahre vorhielten und zwar ohne den Boden verquecken zu lassen, was sie durch die Vielartigkeit und Dichtigkeit der Gemenge verhinderten. Dies erfüllte folgendes, eben wie der Klee, der Sommerung aufgesäetes Gemenge vollkommen:

1. Kräuterarten.

Der gemeine Rothklee (Trifolium pratense) ♃.
Der Mittelklee (Trifolium medium) ♃.
Die blaue Luzerne (Medicago sativa) ♃.
Die gelbe Luzerne (Medicago falcata) ♃.
Die gemeine Esparsette (Hedysarum Onobrychis) ♃.
Die Sand-Esparsette (Hedysarum arenarium) ♃.
Die Schaaf-Bibernell (Poterium Sanguisorba) ♃.
Die Pimpinelle (Pimpinella magna) ♃.

Der weiße Honigklee (Melilotus vulgaris) ♂.
Der gelbe Honigklee (Melilotus officinalis) ♂.

2. Gräserarten. ♃.

Das Knaulgras (Dactylis glomerata).
Das Hafergras (Hulcus avenaceus).
Das Wollgras (Hulcus lanatus).
Das Timoly- oder Lieschgras (Phleum pratense).
Der Wiesenschwingel (Festuca pratensis).
Der Hartschwingel (Festuca duriuscula).
Das Fußgras (Poa trivialis et pratensis).
Die steife Trespe (Bromus erectus).
Die große Trespe (Bromus giganteus).
Das gemeine Waizgras (Triticum caninum).

Es sind dieses lauter Pflanzenarten, die zwar sehr großkörnigen Saamen haben, mithin mehr Pfunde erfordern, als die kleinsaamigen, allein dafür auch die schnellwüchsigsten sind und ein Paar Jahre auf allen schwachen Bodenarten einen guten Ertrag geben, wenn man sie im Gemenge baut, wogegen sie auf besseren Böden viel länger dauern.

§. 5.

Die Gesäme der Kleearten, Luzernarten, Esparsetten zog ich im freien Felde, weil diese Pflanzen ihren Saamen nicht ausfallen lassen, — Pimpinelle und Bibernell auf Gartenbeeten in der Saamenschule; die Honigklee-Saamen nahm ich aus der Einsammlung und Anzucht meiner Gründüngungsgesäme. (Vergl. die zweite Abhandlung §. 11.)

Die Gesäme der Gräser nahm ich theils aus der Einsammlung von den wilden Pflanzen, theils aus der Saamenschule; denn diese war bei mir die Hauptsache, weil ich die andern Gewinnungsarten durch sie ergänzte und die Gemenge aus ihr sehr leicht zusammensetzen konnte.

Die Kräuterarten blieben auf einigen Stellen dauerhaft, wo die Unterlage ihnen zusagte, und verschwanden auf andern Stellen schon im 2ten und 3ten Jahre; allein sie hatten nur das 1ste und 2te Jahr den dichten Schluß des Gemenges bewirkt, und die übriggebliebenen drängten sich nach ihrem Abgang so eng zusammen, daß ich ihren Abgang in jeder Hinsicht nützlich fand.

Die beiden gemeinen Honigkleearten mengte ich, obschon sie nur 2jährig sind, gerade deswegen ein, um im ersten Mähjahre eine volle Sense zu haben; denn ihre holzigen Stengel machten sich in dem vielartigen Gedränge, weil ich das Gemenge entweder 2 bis 3 Mal jung mähte, oder mit abwechselnder Weide behandelte, sowohl als Heu wie als Grünfutter ganz vortrefflich.

Die Esparsette, die doch nur auf Kies- und Mergelboden zu Hause ist, gedieh mir sogar auf Moorboden, und zwar eben so lebhaft, als im besten Kalkboden, allein nur bis ins 2te Jahr, wo sie dann plötzlich verschwunden war. Hievon ist die Ursache, daß sie die ihr fremdartige Nahrung an ihren Wurzeln knollenweise ausscheidet, so daß sie also für ein Paar Jahre die ihr zuträgliche Nahrung aus Luft und Boden sich anzueignen vermag, sobald aber der Boden erschöpft ist, über Winter ausstirbt.

Die Gräserarten dagegen blieben in dem Kleegemenge sehr dauerhaft und gediehen unter dem anfänglichen Schutz der Kräuterarten so gut, daß sie eben diese dort verdrängten, wo die Unterlage den Kräutern nicht günstig genug war.

§. 6.

Ich kann daher diesen 2—3jährigen gemengten Futterbau nicht genug empfehlen, besonders für bunte Böden, wo nämlich die Unterlage oder auch die Krume so häufig wechselnd ist. — Es ist ein Vergnügen zu sehen, wie die Pflanzenarten, die einen hier, die andern dort, sich übermannen, je nachdem sie ihre rechten Lagen und Bodenstellen finden, dennoch aber mit den unterdrückten Pflanzenarten ein so dichtes Gemenge unterhalten, wobei der Boden sich nicht verquecken kann, und Sense oder Weide immer volle Nutzung findet.

Wo der Boden anstieg, oder sich senkte, dürrer oder feuchter, milder oder strenger, kälter oder wärmer wurde, da zeigte es mir die lokale Praxis in diesem Gemenge weit besser, als alle

Vorschriften der Bücher, wie ich diese oder jene Pflanzenarten für die verschiedenen Strecken vorherrschen lassen mußte.

§. 7.

Wo der Boden für den gemeinen Rothklee sehr geeignet war, da ließ ich ihn in dem Gemenge vorherrschen. Je mehr der Boden aber nicht kleefähig war, ließ ich den Klee nur den kleinern Bestandtheil bilden und setzte diejenigen Pflanzenarten mehr zu, welche für dergleichen schwache Bodenstellen paßten.

So ward der Erfolg gegen den reinen Kleebau in dem Maße lohnender, als der Boden für den Klee zu gering war, und unter gleichen Umständen oft von mehr als zehnmal besserm Ertrage, als der übliche Kleebau.

Aber auch selbst auf gutem Kleeboden ward der Ertrag durch die Verdichtung der Mahten dieses Gemenges allezeit 3 bis 5 Mal größer.

Diese Erfolge bewirkten jedoch insbesondere die beigemengten Gräserarten, denn je mehr ihrer eingemengt waren, je dichter, feiner und nahrhafter ward das Heu. Ich nannte daher auch diesen 2—3jährigen Futterbau, welchen ich statt des bloßen Kleebaues anwandte, Kleegrasgemenge. (Man sehe das Weitere in der Einrichtungskunst §. 361—380 und 560—580.)

§. 8.

Schon durch die bloße Kraft der Vielartigkeit zeigte sich das in §. 4. bezeichnete Gräser- und Kräutergemenge ertragreicher, als der reine Kleebau, und dies erfuhr ich am besten in den ersten Jahren, wo ich den Futterbau noch nicht auf eine vorhergegangene Gründüngung führen konnte, und obschon es mir nicht sogleich möglich war, bereits alle Gräser- und Kräuterarten in der gehörigen Menge beisammen zu haben.

Auffallend besser standen die Kleegrasgemenge, welche schon auf eine vorhergegangene Gründüngung gebaut wurden, und es überwuchs sogar der Klee mehrere Pflanzenarten auf solchen Stellen, wo er sonst nach dem Zeugniß der Leute des Guts immer stecken geblieben war. Dies veranlaßte mich, auf einige □Klafter schwachen Lehmbodens in einem Winkel des Gartens mehrere Jahre Klee auf Klee zu bauen, d. h. ich ließ den sehr schwachen Klee, der dort stand, abmähen, die Stoppel umgraben und säete darauf ein Gründüngungsgemenge. Dies ließ ich wieder umgraben und säete auf das frische Land den 2ten Klee. Dieser Klee stand ausnehmend schön, so daß ich ihn 2 Jahre stehen ließ. Im 3ten Jahre ließ ich diese 2jährige Kleestoppel zu Johannis umgraben und säete das 2te Gründüngungsgemenge darauf. Dies ließ ich 8 Wochen darauf umgraben und säete den 3ten Klee darauf. Dieser stand so schön im 4ten Jahre des Versuchs, als auf den reichsten Kleeböden. Ich hatte ein Paar Fässer Gips von Wien erhalten und versuchte es, ihn zu gipsen, wodurch er aber um nichts schöner ward. Gern hätte ich erfahren, ob dieser Klee sich nicht drei Jahre mähbar halten würde, allein nun trat eine Veränderung ein, die es nicht erlaubte. Ich habe jedoch an diesem kleinen Versuch die Ueberzeugung gewonnen, daß man auf einem stets in reicher Pflanzendüngung erhaltenen Boden den Klee Jahr aus Jahr ein bauen kann und daß das Gipsen durch die Gründüngungsgemenge vollkommen ersetzt wird, wahrscheinlich des Gehalts der Pflanzen an Schwefelsäure wegen.

§. 9.

Ueberaus üppig stand der dreijährige Futterbau, d. h. das Kleegrasgemenge von §. 4., als ich ihm aus der Wechselwirkung der Gründüngung mit der durch ihn vermehrten Mistdüngung nun auch die erste Ueberdüngung geben konnte.

Allein dabei erfuhr ich, daß die Ueberdüngung auf denjenigen Stellen, wo die Gräser nicht gerathen, oder zu dünn eingemengt waren, weit weniger Ertrag lieferte, als dort, wo das Verhältniß der Gräser größer stand, — ein Umstand, der sich meines Erachtens leicht erklärt, nämlich dadurch: daß die Gräser ihr Gewurzel mehr in der Oberfläche bilden und daher für die von dem Regen aufgelöste Ueberdüngung mehr Ertrag geben, als die Kräuter, weil diese tiefer wurzeln.

So z. B. gingen auf einigen Stellen, die ich 4 bis 5 Jahre liegen ließ, und obschon ich sie zum Oeftern überdüngte, die Kräuter fast gänzlich aus — wahrscheinlich weil das dichte Gewurzel der Gräser dem tiefer gehenden Gewurzel der Kräuter den Lufteindrang versperrte; denn die Mahten wurden durch das Ueberdüngen immer dichter und von einem feinern Heu.

Andere Bodenstellen, die nach mir über 6—8 Jahre liegen blieben, bezahlten das Ueberdüngen nicht mehr.

Die leichteren Bodenstellen gaben nur Weide. Sobald sie aber mit einem guten Gründüngungsgemenge und ihrer eigenen Dreeschdüngung bereichert worden waren, ward auch das Kleegrasgemenge mähbar. Dann bezahlten sie auch die Ueberdüngung, und wo ich die sehr dürren Stellen mit Mergel, Thon oder Schlamm aufmengen konnte, da wirkte die Ueberdüngung noch lohnender.

§. 10.

Dies sind einige meiner Erfahrungen über die Verbesserung des 2—3jährigen Futterbaues oder der Kleegrasgemenge, wodurch ich zu der Kultur der 6jährigen Wechselwiesen und Weiden hinübergeführt wurde.

Die Erfolge begründeten sich ganz einfach darin: 1) daß ich den Klee mit solchen Gräsern und Kräutern vermengte, welche für die Bodenart sich am geeignetsten zeigten, was man eben am besten bei den verschiedenen Lokalitäten selbst erfahren kann; 2) daß ich, nach den Berichten der vorigen Abhandlung, den Futterbau der gründgedüngten Sommerung oder Winterung einsäete, indem ich die Gründüngung in Brachen, in Stoppeln und als Aussaat im Getraide auf alle mögliche Weise einschob; 3) daß ich den durch die Gründüngung — d. h. aus dem durch sie bewirkten größern Ertrag der Marktfrüchte — gewonnenen Mist zur Ueberdüngung dieser 2—3jährigen Kleegrasgemenge verwandte; 4) daß ich mir auf alle Weise die nöthigen Gesäme durch die Einsammlung von den wilden Pflanzen, durch Verschreiben aus den botanischen Gärten und von den Handelsgärtnern und durch die eigene Anzucht im Gute mittelst Saamenschulen zur reichlichsten Auswahl und in Menge verschaffte.

Ehe ich daher zu dem Bericht über die Kultur des 6jährigen Futterbaues der Wechselwiesen und Wechselweiden übergehe, wird es nöthig seyn, einige Worte zu sagen:

Ueber die Saamenschulen.

§. 11.

Der heutige sehr mangelhafte Zustand des Futter- und Weidebaues rührt im Wesentlichen aus dem Mangel an den nöthigen Gräser- und Kräuter-Gesämen her, und dieser Mangel hat seinen Grund wieder darin, daß man die eigene Anzucht und Einsammlung dieser Gesäme noch nicht auf Theilung der Arbeit stellt.

In der vorigen Abhandlung habe ich meine Weise darüber vorgetragen, nämlich: für diesen Gegenstand einen Wirthschaftsgärtner zu bestellen, der sowohl die eigene Anzucht besorgt, als auch die Einsammlung aller wilden Gesäme aus der Umgegend durch die kleinen Leute führt, Bürgschaft für ihre Güte leistet, die fertigen Gesäme der Wirthschaft überliefert und dafür einen Ablieferungspreis erhält.

Man erleichtert sich hierdurch die Sache sehr, kann sogleich in der Saamenschule die verschiedensten neuen Futter- und Weidepflanzen, welche man von den Handelsgärtnern verschreibt, oder aus botanischen Gärten erlangt, in Bezug auf ihren Werth oder Unwerth erproben und die brauchbaren schnell vermehren. (Mir waren, nebenher gesagt, die freundlichen Saamen-Mittheilungen des seligen hoch verdienten Prof. Kitaibel zu Pesth sehr nützlich.)

§. 12.

Ueberdem ist es sehr wichtig, das Verhalten der verschiedenen Pflanzenarten gegen einander zu beobachten und praktisch zu erkunden, ehe man sie im Felde anwendet, was sogleich in der Saamenschule sehr bequem geschehen kann.

Dieses Verhalten der Pflanzenarten betrifft vorzüglich ihre verschiedene Ertragfähigkeit, ob sie früh-, oder spätwüchsig sind? ob sie nachschießen, wenn sie abgemäht oder abgeweidet worden, oder nicht? ob sie flach, oder tief wurzeln? ob sie wuchern, oder nicht? ob sie sich bestauden, oder nicht? ob sie den größern Ertrag vor der Blüte, oder in der Blüte geben? wie groß der Ertrag jeder Pflanzenart überhaupt ist? von welchen Thierarten sie gern genossen werden und von welchen nicht, und in welchem

Zustande, ob grün, oder getrocknet, ob vor der Blüte, oder in der Blüte, oder im kurzen Kraute, im Frühjahr, oder auch im Herbste? wie viel Saamen sie geben, zu welcher Zeit er reift, und wie er am leichtesten und sichersten in der größten Menge von der kleinsten Fläche zu gewinnen ist? —

Alle diese wichtigen Fragen und viele andere mehr kann man sogleich und auf die sicherste Weise für seine Lokalität durch die Saamenschule, und zwar weit besser, als durch Bücher, beantwortet erhalten.

§. 13.

Zum Andern ist die Saamenschule auch dadurch sehr wichtig, daß die Einrichtung steigender Rente nur auf der Insichselbstveredelung der Futter- und Weidepflanzen für die Lokalitäten beruhen kann.

Dahin zähle ich denn auch die Vervollkommnung der kleinkörnigen Gräserarten auf Tafel V., d. h. die Poa, Aira, Agrostis und andere Arten, weil sie an sich selbst sehr nahrhaft sind, und die Saamenzucht durch sie sehr verwohlfeilert wird; denn man bedarf ohne sie auf 200 □Ruthen bei 30 — 50 Pfund, wogegen man mit ihnen nur bedarf bei . . . 10 Pfund. (Zu vergl. Tafel V.)

Anfangs nimmt man, was man bekommen kann, und ist froh, wenn man nur erst die Arten derjenigen Pflanzen hat einsammeln lassen, oder sich verschrieben, welche vorzüglich brauchbar sind. In der Saamenschule nehmen dieselben aber sehr bald eine vollkommnere Gestaltung und Entwickelung an, wenn man nur die Gesäme der besseren Arten wieder aussäet, die unvollkommneren dagegen ausgehen läßt und auf die Saamenschule und das Feld die verbessernde Mengung und Schützung des Bodens anwendet.

§. 14.

Diesen Forderungen genügen die bisherigen Weisen der Saamenzucht keinesweges, indem man die Futtergesäme nur auf dem Felde selbst gewinnt und zwar im breitwürfigen Zustande. Man muß zuvor die Einsicht erlangen, daß Saamenzucht und **Futterbau** zwei ganz verschiedene Dinge sind und zu ihrer Vervollkommnung ganz entgegengesetzte Bedingnisse heischen. Der Körnerbau oder die Saamenzucht erfordert lichten, einzelnen Stand, so daß sich die ganze Pflanze mit Blüten und Saamen bedecken kann, und giebt daher die reichsten Ernten nur im **gedrillten** Zustande. Der Futter- oder Weidebau hingegen erfordert gedrängten und gemengten Stand, so daß sich die Pflanzen nur zur Bildung großer Kraut- und Blättermassen vereinigen können, und giebt daher die reichsten Mahten und Weiden nur im **breitwürfigen** Zustande. Das ist ja auch in der Natur sehr weislich vorgesehen, denn die Halm- und Hülsenfrüchte halten ihren Saamen so fest, daß sie einzeln gebaut werden, die Futter-, Weide- und Gründüngungspflanzen dagegen streuen ihren Saamen unaufhörlich aus, so daß sie immer nur im Gemenge erscheinen.

§. 15.

So z. B. habe ich in den Außenlinien der Gebüsche des Parks zu Korompa die verschiedenen Kleearten, Luzernarten, Esparsetten, Wickenarten u. s. w. der Tafel V. voriger Abhandlung in einzelnen Pflanzen gezogen und davon mit leichter Mühe eine sehr große Menge Saamen alljährlich gewonnen.

An einer andern Stelle habe ich die Klee- und Luzernarten in Reihen gesäet, gedrillt und auf diese Weise eine weit größere Saamenmasse von ihnen gewonnen, als auf den daneben liegenden breitwürfigen Feldstücken; denn der gedrillte Klee und die gedrillte Luzerne bedeckten sich über und über mit vielem sehr frühen und sehr vollkommenen Saamen, so daß ich allezeit zwei sehr reiche Sommer-Ernten von ihnen haben konnte; der breitwürfige Bau hingegen reifte nur die obersten Köpfe früh und verspätete sich mit den übrigen, weil diese zu sehr im Schatten und Gedränge standen und überdem auch nur sehr schwache, bleiche und taube, unvollkommene und wenige Körner lieferten. Ich bedauere, den verschiedenen Ertrag von der Fläche nicht genauer angeben zu können, weil die Geschäfte zu mannigfaltig waren; allein der Vortheil des Drillens zeigte sich beim Dreschen von mehr als 4fach größerm Ertrage. Ueberdem bewies die Natur die Richtigkeit des Verfahrens. Denn da ich sehr viel Gesäme verbrauchte, so ließ ich Alles, was nur Saamen geben konnte, stehen, und da zeigten die breitwürfigen Klee- und Luzernstücke sogleich im 2ten und 3ten Jahre bedeutende Lücken, die besonders bei der Luzerne jährlich zunahmen, obschon sie jährlich äußerst scharf geeggt wurde. Die gedrillten Luzernreihen dagegen machten keine Lücken, auch selbst im 5ten Jahre noch nicht, obschon der Boden gar nicht der beste für die Luzerne war; sondern sie zeigten bloß nach dem Wechsel des Untergrundes kleine und größere Stauden, eben wie die im Garten einzeln gestellten Saamenpflanzen, die jährlich größer und hier und da über 6 Fuß hoch und schon bestaudet wurden.

§. 16.

Ebenso verfuhr ich mit den größern Gräserarten. Der Fuchsschwanz, das Hafergras, der Hochschwingel, der Wiesenschwingel, das Knaulgras, das Lieschgras, das rauhe Fußgras, das Hochperlgras, das Glanzgras, das Waizgras, das Wollgras und andere mehr, die ich in die Außenlinien der Gebüsche einzeln pflanzte, wurden zu immer breitern und höhern Stauden, von denen ich zweimal im Jahre die Saamen abschneiden ließ. Da jedoch diese einzelnen Stauden nur einen Nebengewinn abgeben konnten, so legte ich regelmäßige Beete von 4 Fuß Breite, mit 2 Fuß breiten Steigen, an, und säete auf jedes Beet von den oben genannten hohen Gräsern nur 3 Reihen, folglich zu 18 Zoll Weite, von den mittelhohen Gräsern 4 Reihen zu 12 Zoll Weite und von den kleinsten Gräserarten 5 Reihen zu 9 Zoll Weite, so daß ich diese Beete mit einem dazu eingerichteten Scheerpfluge (Exstirpator oder Grubber) von den Steigen aus reinigen konnte, indem das Pferd in die Steige ging und das Instrument jederseits 1 oder 2 Zwischenräume und den Steig selbst vom Unkraute reinigte.

Zu dieser Methode wird jeder Landwirth übergehen, dem es um Vortheil zu thun ist, nachdem er, wie ich und wie es im Anfange nicht anders für eine jede Wirthschaft möglich seyn kann, die bisherigen Methoden mitgemacht hat.

§. 17.

Die bisherigen, bei uns und in England üblichen Methoden bestehen noch in der breitwürfigen Saat von den Kunstwiesen, oder auch nur von einer Grasart allein. Man säet nämlich das Gräsergemenge einer Kunstwiese oder Weide zusammen aus, theilt sie in 3 Zeiten der Reife ab, d. i. für den Juni, Juli und August, mäht sie, harkt sie zusammen, drischt sie aus. Allein was ist der Erfolg? Man erhält nur 1/10 und darin viel tauben Saamen; denn 9/10 fallen auf diese Weise ab und bleiben auf dem Felde liegen, weil nicht bloß die Erschütterung des Mähens, Harkens, Aufladens, sondern auch schon der bloße Wechsel von Thau und Wärme, wenn die Gräser noch auf den Schwaden liegen, den größten Theil ihrer Saamen und zwar die besten Körner ohne alle Berührung ausfallen macht.

Diese Methode verfehlt übrigens auch noch ihren Zweck dadurch, daß man mehrere Gräsergesäme zusammen in einem unbestimmten Gemenge erhält, wogegen es für die verschiedenen Lagen, Böden, Heerden, Umstände u. s. w. nöthig ist, daß man das Mengen selbst bewirke, folglich jede Grasart einzeln zur Saamenzucht baue.

Eine andere Methode besteht darin, daß man einige Morgen von dieser oder jener einzelnen Grasart ansäet und diese dann zur Zeit ihrer Reife wie nach der vorigen Methode erntet; allein es bleibt hierbei, wie gesagt, zu viel auf dem Felde, und ich kenne Fälle, wo man von der □Ruthe kaum bei $\frac{1}{2}$ Pfund geerntet hat, wo ich beim gedrillten Saamenbau der Gräser von der □Ruthe 5—10 Pfund erhielt.

§. 18.

Hier habe ich nun noch Einiges über das Verfahren mitzutheilen.

Eine gute, auf die Dauer hinaus befriedigende und Arbeit sparende Saamenschule ist nicht so leicht und schnell einzurichten, und man muß sich daher mit der Auswahl des Platzes und der Anlage nicht übereilen; für den Anfang sey man also nur darauf bedacht, die Gräsersaamenarten, welche von den wilden Pflanzen nicht zu gewinnen sind, theils auf dem Felde noch breitwürfig, theils in einzelne Gartenbeete, wo und wie es sich schikken will, anzubauen.

§. 19.

Für die Gräser-Saamenbeete aber ist es nöthig, daß der Boden rein und kraftvoll sey, dies erlangt man indessen nicht allein durch Mist, denn ich habe es entschieden erfahren, daß der Mist zur Saamenzucht nichts taugt, sondern nur einen üppigen Krautwuchs mit wenig Saamen macht. Ich düngte daher zwar die Beete der Saamenschule, allein nur um das Unkraut hervorzutreiben. Dies geschah in 8 Tagen nach der eingegrabenen Mistdüngung. Darauf ließ ich das noch zarte aufgelaufene Unkraut mit der Harke einhacken und säete sogleich ein Gründüngungsgemenge darauf. Dieses ließ ich nach 6 bis 8 Wochen, als es 6 bis 10 Zoll hoch geworden war, eingraben und säete nun die Grasreihen darauf. Die Mistgeile war nun durch eine größere Pflanzendüngung neutralisirt, zwei starke Unkrautsaaten waren aus dem Boden hervorgetrieben und zerstört, so daß ich darauf für die ersten 2 Jahre den reinsten Boden für die jungen Grasreihen hatte, wo es eben am Nöthigsten für sie war.

§. 20.

Die Saamen müssen ganz rein ausgeschwungen, frisch und verläßlich seyn und nicht zu dick in den Reihen gesäet werden, weil dieses schwache Stauden macht. Darauf müssen die Beete mit Fußbrettern festgetreten werden, statt des Walzens, um die Feuchtigkeit zu bewahren und des leichtern Vertilgens des jungen Unkrautes wegen, was auf einer glatten Erdfläche besser, als auf rauher Fläche von Statten geht.

§. 21.

Man kann die Gräsersaamen vom Frühjahre bis zu Anfang Septembers säen, weil sie im ersten Jahre nur ihre Stöcke machen und noch keinen Saamen tragen. Je früher man sie säet, desto größer werden die Stöcke und desto mehr Saamen geben sie im 2ten Jahre; nur ist freilich auch damit mehr Arbeit des Lockerns und Reinhaltens verbunden.

§. 22.

Im Frühjahre muß man die Beete bei Zeiten reinigen und lockern, ehe die Gräser-Reihen ins Kraut schießen. Sobald die Saamen reif sind, läßt man sie mit der Sichel unter den Aehren abschneiden, etwas trocknen und drischt sie aus. Das Kraut mäht man dann ab, worauf die meisten Gräserarten sodann noch eine Saamenernte geben.

§. 23.

Die Saamenernten erschöpfen aber den Boden sehr, und da der Mist allein zu geil macht und wenig Saamen giebt, so habe ich mich eines Compostes zur Ueberdüngung bedient, der sehr erfolgreich auf den Saamenertrag wirkte, nämlich aus Mergel, oder Kalk, mit viel Unkrautmoder und nur wenig Mist versetzt. Die nicht so behandelten Beete gaben einen weit geringern Saamen-Ertrag.

§. 24.

Dies sind die Behandlungsweisen, wonach mir die gedrillten Beete in zweimaligen Ernten sehr viel Saamen gaben, nämlich die feinkörnigen der Tafel V. von der □Ruthe bei 5 Pfund und die großkörnigen bei . . . . 10 Pfund.

Wenn man daher auf 1000 Morgen Land bei 500 Morgen Futterbau führen will, z. B.

1)	als 2jährige Kleegrasgemenge an .	80 Morgen,	
	so bedarf man dazu einer jährlichen Saat auf etwa 25 Morgen, à 200 □Ruthen, d. i. nach Tafel V. à 10 Pfund = ...		300 Pfd.
2)	als 6jährige Kunstwiesen an . .	120 Morgen,	
	so bedarf man dazu einer jährlichen Saat auf etwa 20 Morgen, d. i. nach Tafel V. à 20 Pfund = ...		400 —
3)	als 6jährige Kunstweiden an .	300 Morgen,	
	so bedarf man dazu einer jährlichen Saat auf etwa 50 Morgen, d. i. nach Tafel V. à 40 Pfund = ...		2000 —
	zusammen	500 Morgen	= 2700 Pfd.

Man bedarf daher auf 1000 Morgen Landes für den verbesserten Futter- und Weidebau bei 3000 Pfund jährlicher Saat, mithin einer Größe der Saamenschule, deren gedrillte Beete pro □Ruthe 5—10 Pfd. Saamen geben, von 600—300 □Ruthen Beete, d. i. auf 100 Morgen Land bei 60—30 □Ruthen Saamenbeete.

Es ist also ein bedeutender Gewinn an Arbeit und Land, die Veredelung der feinkörnigen Gräsergesäme, d. i. der Poa, Aira, Agrostis und anderer Arten zu betreiben, indem aus Tafel V. und der Erklärung in der vorigen Abhandlung zu entnehmen ist, daß man ohne sie noch weit mehr Pfunde pro Morgen bedürfen würde.

§. 25.

Ferner ist noch zu bemerken, daß auch einige der schnellwüchsigsten Gräserarten des Futter- und Weidebaues in die Gründüngungsgemenge verwandt werden, und insofern man diese nicht aus der Einsammlung von den wilden Pflanzen des Gutes und dessen Umgegend nehmen will, muß man diesen Bedarf ebenfalls aus der Saamenschule decken.

Ebenso ist es auch mit den Kräutern der in Tafel III. und IV. zur Uebersicht gestellten Gründüngungsgemenge, wo man sie nicht in den Gebüschen und Winkeln der Hausgärten, oder auf abgelegenen Feldwinkeln, nach den Erklärungen der vorigen Abhandlung, ziehen will.

Diese Rücksichten machen also die Größe und Anordnung der Saamenschulen rein lokal, insofern man die Schule der Futter- und Weidebaugesäme mit der der Gründüngungsgesäme verbinden will. Letztere, die Gründüngungspflanzen, sind dann aber weit ertragreicher an Saamen, als die Futter- und Weidepflanzen; denn ich habe von dem gemeinen weißen Honigklee (Melilotus vulgaris Willd.), den Amaranthen u. s. w., wenn ich sie auf gedrillten Beeten baute, allezeit von der □Ruthe erhalten bei 10—20 Pfd. Saamen.

§. 26.

Je mehr ich aber die Gründüngungsgesäme außer der Saamenschule zog, je mehr Platz und Vortheil gewann ich für die

Anzucht der *Holz-* und *Obstsetzlinge* der Park- und Schützungsanlagen; und da es die Uebersicht und Behandlung erleichterte, so ward die Saamenschule auch die Baumschule.

Man findet die Beschreibung dieser Baumschulen schon im 3ten Bande der Einrichtungskunst, und ich habe sonach hier nur anzudeuten, wie groß die Saamenschulen örtlicher Weise gedacht und angetragen werden müssen, wenn man auch die Holz- und Obstpflanzung der Schützungsanlagen in ihnen erziehen will, wovon sich manche Landwirthe eine übertriebene Vorstellung machen.

§. 27.

Anfänglich nimmt man die Gründüngungs- und die Futter- und Weidebau-Gesäme nur von den *wilden Pflanzen* ab, legt von den für die Lokalität am dankbarsten sich zeigenden Pflanzenarten in *Feld-* und *Gartenwinkeln* Anzuchten an und für die vorzüglichsten Futter- und Weidepflanzen *gedrillte Beete*. Durch diese dreifache Theilung der Sache wird die *Größe* der Saamenschule nur für den Züstand anzuordnen nöthig, wo die Ueberkraft des Bodens eine größere Entladung durch Handelsgewächse verlangt, folglich um so viel weniger Fläche für die Grün- und Dreeschdüngung geführt wird, weil diese nun immer stärker und kraftvoller einwirkt, so daß sie auf *kleinerer Fläche* geführt werden kann, mithin immer weniger Saamen bedarf. (Vergl. §. 63. der vorigen Abhandlung.)

Für diesen Zustand ist also die in §. 24. erklärte Größe der Saamenschule hinreichend, nämlich auf 100 Morgen Land

=	30—60 □Ruth. Saamenbeete,
und schlägt man hiezu für die fortgesetzte Ausbildung immer vollkommnerer Gründüngungsgesäme noch eben so viel = ...	30—60 — — —
so wie auch für die Anzucht und fortgesetzte Ausbildung aller Holz- und Obstsetzlinge der Schützung, der Heckenkräuter u. s. w., aufs höchste	40—80 — — —
so sind für die Größe der vereinigten Saamen- und Baumschulen auf 100 Morgen Land nur erforderlich bei	100—200 □Ruthen.

§. 28.

Hierauf ist die gute zweckmäßige Lage der Saamen- und Baumschule zu dem Wirthschaftshofe zu beachten. Dieses findet aber meistens in den bisherigen Zuständen sehr viele und unübersteigliche Schwierigkeiten, wenn man das Vollkommenste sogleich und nicht übergangsmäßig durch das Einrichtungsziel bewirken will. Unser Einrichtungsziel ist aber nur durch die neue Betriebseinrichtung des Ausführungsantheils = 1/5 und der Wiederanlage = 2/5 der jährlichen Rentemehrung zu erreichen, also aber (wie durch Tafel VI. und VII. in den vorigen beiden Abhandlungen unwiderlegbar erwiesen ist) die größten Schwierigkeiten nach und nach zu beseitigen im Stande. Daraus aber folgt, daß man sich eben so wenig mit der vollkommensten Gestaltung der Saamen- und Baumschule übereilen, als dieselbe unmöglich finden dürfe, sondern sich für den Anfang, wie es am besten gehen will, behelfen müsse, um die vollkommnere Gestaltung und Einrichtung des Gutes planmäßig zu erreichen.

§. 29.

Für die innere Einrichtung der vereinigten Baum- und Saamenschulen habe ich im 3ten Bande der Einrichtungskunst und im 2ten Hefte der allgemeinen Gutsherrnzeitung (No. XVI. das.) die ausführlichsten Winke gegeben. Sie betreffen die erforderliche Verschiedenheit des Bodens hinsichtlich seiner Feuchtigkeit für die Natur der verschiedenen Pflanzenarten, die Einrichtung der Tafeln und der sie umgebenden Graswege für die arbeitsparendsten Behandlungsweisen, sowie auch die innere und äußere Schützung dieser Schulen.

§. 30.

Es dürfte also aus diesen Grundlinien der Saamenschulen hervorgehen, daß sie für den verbesserten Futter- und Weidebau unentbehrlich sind, vor Allem aber für den Theil desselben, zu dem wir nunmehr übergehen — wie aus seiner Beschreibung selbst am besten erhellen wird — nämlich für den Bau der Wechselwiesen und -Weiden.

Ueber den 6jährigen Futter- und Weidebau.

1) Begründungen.

§. 31.

Ich unterscheide den 6jährigen Futterbau von dem 2- und 3jährigen dahin: daß ich unter diesem die Verbesserung des Kleebaues verstehe und unter jenem die Verbesserung der natürlichen Wiesen und Weiden.

Diese Verbesserung besteht jedoch nicht bloß darin, daß diese beiden Formen des Futterbaues ertragreicher werden, sondern daß sie auch den Boden, oder vielmehr die Fruchtwechsel, mit einer größern, vielstoffigeren Dreeschdüngung bereichern, indem sie nämlich rotirend, d. i. mit den Feldfrüchten abwechselnd oder umlaufend werden.

Dieses Umlaufen fand ich nun aus verschiedenen nachfolgenden Gründen am vortheilhaftesten, wenn die Wechselwiesen und Wechselweiden nicht länger, als 6 Jahre liegen; daher die obige Benennung.

Mein erster Grund ist: daß ein aus den besten Kräuter- und Gräser-Arten der natürlichen Wiesen und Weiden zusammengesetztes Pflanzengemenge, sobald es auf einem durch Mist- und die in der vorigen Abhandlung begründete Gründüngung vielstoffig bereicherten Boden gebaut wird, zwar länger als 6 Jahre liegen kann, allein sodann der Boden aufs Neue von der 6jährigen Dreeschdüngung und Ueberdüngung oder dem Weidedünger dieser Kunstwiesen und Weiden genugsam durchwachsen und bereichert ist, als daß es wirthschaftlich wäre, ihn noch länger liegen und seinen Schatz an Pflanzendüngung nicht von den Feldfrüchten aufsaugen zu lassen.

§. 32.

Der zweite Grund ist: daß man diese angesammelte Kraft eben auch nicht länger in dem Fruchtwechsel, ohne die Morgen-

zahl der Verkaufsfrüchte zu verkleinern, entbehren kann. Denn wenn man z. B. nach §. 45. der vorigen Abhandlung 1000 Morgen Land hat und darauf behalten will an Marktfrüchten bei . . . . 400 Morgen,
an Futterbau bei . . . . 600 Morgen,
und wollte diesen Futterbau länger, als 6 Jahre, liegen lassen, so würde dadurch das Areal der Marktfrüchte verkleinert werden müssen.

§. 33.

Der dritte Grund ist: daß in einer kürzern Zeit, als 6 Jahre, die Gemenge der in Tafel V. aufgeführten Gräser- und Kräuterarten nicht gehörig auswachsen und den Boden nicht tief und stark genug mit ihren Wurzeln durchwachsen können, auch wenn er anfänglich nur noch flachgründig ist, weil die meisten und besten Futter- und Weidepflanzen bis zum 6sten Jahre im Wachsthum zunehmen, wenn der Boden gehörig bereichert wurde.

§. 34.

Der vierte Grund ist: daß man nicht eher und nicht anders, als auf zuvor von einigen Gründüngungen und der Mistdüngung gehörig durchdrungenem Boden die Gemenge der 6jährigen Wechselwiesen und Weiden zu bauen beginnen muß, mithin die obigen Gründe hiedurch statthaft werden. Denn ich begann zuerst nur mit den 2—3jährigen Kleegrasgemengen, statt des reinen Kleebaues der Schlagwirthschaften, und erst im 5ten oder 6ten Jahre begann ich mit den eigentlichen 6jährigen Wechselwiesen und -Weiden, folglich nur mit einem 1/6 des Areals derselben, oder auch mit jedem andern beliebigen Theil, und auf den bessern Bodenstellen zuerst, so daß also binnen 5 Jahren das übrige Land nach und nach — durch die Wechselwirkung der Mist- und Gründüngung immer mehr gekräftigt — zur größten Sicherheit der Erfolge eintreten konnte.

§. 35.

Nach diesen Erfahrungsgründen ist also der 6jährige Wiesen- und Weidebau unwiderlegbar vortheilhaft und über 6 Jahre hinaus nur in einzelnen Fällen nützlich.

Dieser Behauptung stehen jedoch zwei, heut noch allgemein übliche Widersprüche entgegen, die man der langen Gewohnheit wegen für wahr hält, nämlich die Unversiegbarkeit der natürlichen Wiesen und Weiden und daß in den meisten heutigen Fruchtwechseln der Grasbau nicht länger, als dreijährig lohne.

§. 36.

Die natürlichen Wiesen und Weiden scheinen zwar alljährlich ohne alle Pflege und Verbesserung ihren Ertrag zu geben, allein die Erfahrung lehrt, daß sie dennoch im Ertrage abnehmen, wenn sie entweder ohne Beweidung bleiben, oder aber ohne düngende Bewässerung. Sie leben dann von der Luftnahrung, d. h. von den kohlensauern Verbindungen, welche der Regen niederschlägt, oder die sie aus der feuchten Luft der Niederungen einsaugen; denn ihr Boden ist unthätig, obschon er voll ruhender Kraft, d. h. voll Wurzeln ist, die schon alle extractive, d. i. aufsaugbare Nahrung an sich gezogen haben, und die am Ende versauern und vertorfen, wenn sie nicht aufgebrochen und hierdurch zersetzt werden können.

Wie wahr dieses ist, lassen die bekannten Methoden der Wiesenverjüngung des Herrn Professor Pohl erkennen, indem er den Rasen der Wiesen abhob und sie mit ihrer eigenen unter diesem Rasen befindlichen Erde überdüngte. Denn was ist dieses anders, als die Zersetzung des wurzelvollen Wiesenbodens, d. h. als eine andere Art und Erscheinung der Dreeschdüngung? Und wie schlagend geht hieraus nicht hervor, daß die Wechselung der Wiesen selbst als ihre wahre, natur- und wirthschaftsgemäße Verjüngung betrachtet werden müsse, indem das Wechseln der Wiesen mit den Marktfrüchten noch weit nützlicher und weit minder kostspielig, als diese lehrreiche Pohl'sche Wiesenverjüngung, ist.

Es folgt daher: daß man alle natürliche Wiesen und Weiden, sobald sie nur so tief entwässert werden können, um aufgebrochen zu werden, in den Fruchtwechsel ziehen müsse; allein es herrscht dagegen noch die allgemeine Klage: daß gute Wiesen und Weiden das nie wieder werden, was sie waren, oder doch in langer Zeit nicht, wenn sie einmal aufgebrochen sind. Diese Klage ist nun aber in nichts Anderm, als darin begründet: daß die Fruchtwechsel heute noch nicht auf das Naturgesetz der Wiesenverjüngung gestellt sind, nämlich auf die Anfüllung des Bodens mit Pflanzendüngung, d. h. die Fruchtwechsel werden noch ohne kraftvolle und vielstoffige Gründüngung betrieben. Denn diese kann in der That nur die Pflanzendüngung des Getraidebaues seyn, sowie die Dreeschdüngung die des Futterbaues ist.

Der Bau der Marktfrüchte ist bekanntlich sehr aussaugend und von dem Futterbau verlangt man ebenfalls Ertrag; mithin ist man — wie schon §. 3. gezeigt wurde — nicht im Stande, durch den Körner- und Futterbau den Boden mit so großer Pflanzendüngung zu bereichern, als es für die Wiederbegründung aufgebrochener reicher Wiesen und Weiden nöthig bleibt; geschweige, daß man dadurch den Wirthschaften aus sich selbst aufhelfen und sie zu allen weiteren Fortschritten fähig machen könnte. Hier fehlt also ein Mittelglied.

Dieses Mittelglied soll der Wechsel und die reichste Wiederbegründung der aufgebrochenen Wiesen und Weiden durch die aussaugendsten Marktfrüchte bewirken, und diese doch zugleich selbst körnerreich machen. Welche Forderung! und gleichwohl unerläßlich; denn es liegt am Tage, daß weder die Mistdüngung, noch der Futterbau ohne Störung der Wirthschaft und ohne Ausfälle in der Rente, oder aber nur durch erborgte Kapital-Vorschüsse, vermehrt werden kann. (Vergl. §. 3.)

Worin besteht also dieses Mittelglied? In einem bisher noch sehr wenig benutzten, oder vielmehr noch gänzlich unbenutzten Winke der Natur, in dem Unkraute jedes Bodens, d. h. in den Gründüngungsgemengen aus den Gesämen der wilden Pflanzen eines jeden Bodens.

§. 37.

Den andern Widerspruch betreffend, nämlich: daß der Grasbau nicht länger als dreijährig lohne, so widerlegt und hebt solchen gleichfalls die vorige Abhandlung auf. Denn diese verbesserte Gründüngung legt zwischen den Körnerbau und den Futterbau eine so kraftvolle und vielstoffige Pflanzendüngung ein, daß gerade durch die aussaugenden Marktfrüchte — was doch bis heute noch unmöglich war — die stärkste und schnellste Vermehrung der Mistdüngung, des Futterbaues und der Rente, ohne erborgte Kapital-Vorschüsse, aus der Wirthschaft selbst, wie folgt, bewirkt werden kann.

§. 38.

Zuerst zeigte die vorige Abhandlung: daß die bisherige Gründüngung nur mit Wirthschaftsgesämen betrieben wird und daß sie daher zu einartig, kraftlos und kostspielig bleibt, so daß also meine Erfahrungen mit den Gründüngungsgemengen durch das Wildgesäme jedes Bodens zwar nichts weiter, als die bloße Verbesserung einer längst bekannten Sache sind; allein diese Verbesserung ist eine solche Benutzung jenes obberührten Winkes der Natur, d. i. der Unkrautgesäme, ohne welche es ganz unmöglich bleibt, immer reichere Wiesen und Weiden und immer ertragreichere Marktfrüchte wechselweise zu erhalten. (Siehe die verbesserte Gründüngung §. 65.)

§. 39.

Zum Andern zeigte jene Abhandlung: daß diese auf die Benutzung des Unkrauts gestellte Gründüngungsmethode zuerst nur den 2—3jährigen Klee- und Weidebau, ohne vermehrte Kosten und ohne Ausfälle in den Einkünften, ertragreicher machen, dadurch aber sowohl die vielstoffig bereicherte Kraft des Bodens, als auch die Gesäme der 6jährigen Wechselwiesen und -Weiden im 5ten oder 6sten Jahre so weit herangebildet haben könne, um nun erst mit 1/6 der Fläche, oder mit jedem andern beliebig kleinern Theile, folglich mit der größten Sicherheit der Erfolge, einzutreten. (Siehe die verbesserte Gründüngung §. 63.)

§. 40.

Unbestreitbar sicher durch sich selbst ist also dieser Uebergang zu den reichsten Wechselwiesen und Weiden begründet; noch mehr aber wird er es, zugleich mit großer staatswirthschaftlicher Einwirkung, durch die neue Betriebseinrichtung des Ausführungsantheils = 1/5 und der jährlichen Wiederanlagen = 2/5 der steigenden Rente (s. das Vorwort).

2) Erfahrungen über den 6jährigen Futter= und Weidebau.

§. 41.

Nachdem ich selbst sehr viele Versuche mit den Gräsern und Kräutern des Futter= und Weidebaues gemacht hatte, nämlich sowohl als Aussaat in den kräftigsten Stellen der Schutzfrüchte, d. i. der Winterung oder der Sommerung, als auch ohne diesen Schutz, nämlich die Gräser= und Kräutergemenge für sich allein gesäet, — und nachdem ich die Erfolge anderer Landwirthe auf meinen Reisen gesehen und untersucht hatte: fand ich doch in meinen und den fremden Versuchen noch immer jenen allgemeinen Fehler, wodurch dem Gräserbau seit 30 Jahren die allgemeine Anwendung versagt wurde, nämlich: zu schwache Mahten vor der Sense und eine zu schwache Narbe als Weide.

§. 42.

Die großen ausgedehnten Matten des Parks zu Korompa breitete ich über Höhboden und Wiesenboden aus. Sie waren, wie ich schon in der zweiten Abhandlung gesagt habe, zum Futterbau des Gutes bestimmt; allein ich konnte es weder mit der Gründüngung, noch mit der Mistdüngung dahin bringen, daß diese aus den besten Gräsern und Kräutern zusammengesetzten Futter= und Weidegemenge so volle Sensen und so dichte Narben für die Weide gaben, als es auf guten natürlichen Wiesen und Weiden der Fall ist.

Nach der Gründüngung stand das Gräser- und Kräutergemenge zwar dichter und kräftiger, als nach der Mistdüngung des Bodens; allein man sah den Boden nach der Maht, oder nach einer Abweide noch zwischen den Graspflanzen durchblicken; die Mahten und Weiden waren noch zu dünn, es fehlte die Narbe.

Nach mancherlei Versuchen, diesen Fehler abzustellen, gelang es mir endlich auf folgende Weise:

§. 43.

Ich gab nämlich die Mistdüngung des Bodens für die Begründung der Kunstwiesen und der Kunstweiden gänzlich auf, um sie, wie man sogleich sehen wird, als Ueberdüngung zu gebrauchen, und baute daher die Gräsergemenge nur auf möglichst dichte und kraftvolle Gründüngungsgemenge, die ich öfter nach einander folgen ließ, weil mir diese den kalten sich nördlich abdachenden Thonboden wärmer und mürber durch ihre Gährung machten — z B. nach folgenden Fruchtwechseln:

1) Kartoffeln, gedüngt und gleich nach ihrem Abraumen ein Stoppelgründüngungsgemenge nachgesäet; darauf
2) die Sommerung, mit einem Aufsaatgründüngungsgemenge, und auf dieses
3) das Mähgrasgemenge zu 6jähriger Wechselwiese.

Oder:

1) Kartoffeln, wie oben; darauf
2) Sommerung, mit Kleegrasgemenge aufgesäet;
3) Kleegras, überdüngt;
4) Kleegras, der 2te Schnitt gestürzt zur
5) Winterung, mit Aufsaatgründüngung; und auf diese
6) das Weidegrasgemenge zu 6jähriger Wechselweide.

Die Gräsergemenge der Wechselwiesen folgten also auf eine zweimalige Gründüngung und die der Wechselweiden auf eine Gründüngung und eine Dreeschdüngung.

Auch säete ich diese 6jährigen Mäh- und Weidegras-Gemenge nicht mehr den gewöhnlichen Schutzfrüchten, d. i. der Sommerung und Winterung, ein, weil mir diese zu viel Graspflanzen unterdrückten; sondern ich säete sie auf die frisch gestürzten Gründüngungsgemenge für sich allein, indem ich diese nach der Ernte bis Anfangs September noch etwas wachsen ließ, wodurch sie, als 2te Pflanzendüngung kurz hinter einander, sehr kräftig wurden.

Auf diese eingestürzten Gründüngungsgemenge säete ich nun aber nur die größern Arten der Gräser und Kräuter von Tafel V. als Vorsaat, so daß sie mir zum Schutz der kleinern Pflanzen, wie folgt, dienen mußten.

Diese größern Kräuter- und Gräser-Arten wuchsen bis zum Winter kraft der Gründüngung wie ein üppigstes Roggenfeld bestaudet, aber auch eben so licht und narbelos heran.

Hierauf überdüngte ich diese Vorsaat nach dem ersten Frost, um dem gewalzten Boden nicht zu schaden und damit Schnee und Regen den Mist flach in die Erde spülen könne, und auf diese Ueberdüngung säete ich nun im ersten Frühjahre die kleineren Gräser und Kräuter der Taf. V. und walzte sie öfters ein.

Die im vorigen Jahre gesäeten größern Pflanzenarten schossen nun rasch empor, und die kleinern im ersten Frühlinge gesäeten gingen unter ihrem Schutze sehr gut auf.

Sodann ließ ich die Matte bei Zeiten mähen, ehe das im Frühjahr gesäete zweite Gemenge von den größern Pflanzen des ersten Gemenges gedrückt werden konnte, und darauf wurde die Matte wieder umgewalzt.

So trieb ich es bis zum Herbste fort und hatte nun gleich im ersten Jahre eine Narbe, die nicht besser seyn konnte; denn die Pflanzen der beiden Gemenge standen in so üppigem Gedränge, daß der Boden nirgends mehr durchblickte.

§. 44.

Im zweiten Jahre überdüngte ich die Matten, welche gemäht werden sollten, wiederum nach dem Frost, wozu sie mir den Dünger reichlich gaben; diejenigen aber, welche geweidet werden sollten, überdüngte ich nicht, da dies durch den Weidegang der Schaafe, oder durch die Hordenweide *) der Schloß-kühe geschah.

Der Erfolg war, daß ich sehr schwere, dichte Mahten und eine gedrängte, dichtspitzige Narbe für die Kühe und den Schaafstamm hatte, die nichts zu wünschen übrig ließ.

Auf andern Theilen des weiten Gartens und im Felde, wo die Narbe nicht gleich im ersten Jahre dicht genug gerieth, säete ich auch noch im 2ten und 3ten Jahre die fehlenden Gräser- oder Kräuterarten nach und erreichte hierdurch den Zweck nur etwas später.

§. 45.

Der Ertrag dieser Futtermatten des Parks fuderte weit stärker, als die einige Jahre früher angelegten und daher schon stärker bestaudeten Luzerne- und Esparsette-Stücke, was ich nur der größern Dichtigkeit und dem vielartigen Pflanzengemenge dieser Kunstwiesen zuschreiben konnte. Eine schlichte Probe hiervon war die, daß der Fuß in dem mähbaren Grase dieser Wechselwiesen die Erde nicht fühlen konnte, weil das Gräsergemenge zu dicht war; indessen sie in dem mähbaren Kraute der Luzerne-, Esparsette- und Kleematten, obschon dasselbe so dicht stand, als es bei Futterfeldern einartiger Pflanzen nur seyn kann, sehr leicht zu fühlen war.

§. 46.

Ich darf daher diese Methode, die Wechselwiesen zu verdichten, als die ertragreichste und alle einzelnen Futterkräuter an Masse und Güte übertreffend empfehlen. Sie besteht, kurz wiederholt, in dem Bau, oder der Vorsaat der größern Pflanzenarten auf die Gründüngungsgemenge nach der vorigen Abhandlung; ferner in dem Ueberdüngen der Vorsaat nach dem ersten Frost und endlich in dem Nachsäen der kleinern Pflanzenarten.

Man hat es hierdurch ganz in seiner Gewalt, die Wechselwiesen und -Weiden so ertragreich zu machen, als man will und als es die Luzerne- und Kleefelder niemals werden können.

*) Zu vergl. die Einrichtungskunst §. 411—440.

§. 47.

Uebrigens verstärkte ich auch noch den Ertrag durch ein dünnes Aufmengen der Matten mit Mergel. Die mehrjährige Dauer dieser Futter- und Weidematten bot mir dazu die Gelegenheit dar, indem das thonige Erdgemenge eine solche Verbesserung nöthig hatte. Ich mengte den Mergel nach einer Maht, oder nach einer Abweide, oder im Herbste und Winter, wo und wie es passen wollte, auf. Den Gedanken dazu hatte ich aus Davy's „Elementen der Agriculturchemie" geschöpft, wo er das Anhäufeln der Pflanzen als Grund ihrer größern Bestaudung physiologisch erklärt. Der Erfolg war, daß sich diese Arbeit sogleich im ersten Jahre durch den stärkern Graswuchs bezahlte. Die mit Mergel überfahrenen, jedoch auch überdüngten Stellen waren von ausgezeichnet dunklerem Grün, einmal öfter zu mähen, einige Male öfter zu weiden, und dem Viehe war das Gras und das Heu von diesen Stellen angenehmer, obgleich es den nicht gemergelten und nur bloß überdüngten Stellen auch nicht an Kraft fehlte.

Der Mergel verband sich mit der Ueberdüngung und dem Boden ohne alle Kunst; denn der Regen schwemmte ihn ein, die Heerden traten ihn zusammen, und die Einwirkung der Luft zersetzte ihn schon auf der Oberfläche so gut, daß er mit der umgebrochenen Matte sogleich die größte Thätigkeit des Bodens bewirken konnte, — was doch nicht der Fall ist, wenn man ihn der Brache einackert, wo er oft erst nach 2 bis 3 Jahren wirkt.

§. 48.

Ferner glaube ich darauf aufmerksam machen zu müssen, daß so viele zusammenwirkende Vortheile für die gesicherte 6jährige Dauer und den steigenden Ertrag der Kunstwiesen und Weiden auch ihre Bewässerung mittelst gut gestellter artesischer Brunnen bezahlen dürften. Denn wenn man bedenkt, daß die Dürren hierdurch ganz eigentlich mehr nützlich, als schädlich werden, indem die Bewässerung zur Wärme die Feuchte gewährt, — daß die Heerden danach auf jeder Weide selbst getränkt werden können, ohne ihnen und ihren Produkten durch entfernte Tränken zu schaden, und daß die Fruchtbarkeit aller andern Feldfrüchte durch die Bewässerung sicherer zu dirigiren ist, besonders in Böden und Klimaten, die vorzüglich an Dürre leiden —: so ist wohl die Sache der Bewässerung und ihr organischer Grund, die 6jährige und ertragreiche Dauer der Kunstwiesen und Weiden für unsern Zweck zu beachten nöthig.

§. 49.

Auch sehr viele Erfahrungen und Beobachtungen über die Schützung des Bodens verdanke ich — hinsichtlich der größern Fruchtbarkeit des Futterbaues und der Feldfrüchte — den Anlagen, welche ich für den Park zu Korompa machte, so wie nicht minder in andern Theilen Ungarns. Diese Anlagen waren nach der Absicht der Besitzer zwar nur Park- und Waldanlagen, an mehreren Orten mit Wirthschaftseinrichtungen verbunden *); für mich jedoch waren sie allesammt sehr lehrreiche lokale Schulen für die Einwirkungen des Klimas und für die Ausbildung des Einrichtungssystems steigender Rente. Denn obschon ich dasselbe in Ungarn aus Ursache der Gemeinweide, der Frohnde und der Schwierigkeiten des Zusammenlegens und Arrondirens der Felder nicht ausführen konnte, so dienten mir doch die verschiedenen Lokalitäten und insbesondere die in ihnen noch obwaltenden Schwierigkeiten zu der mannigfaltigsten Prüfung und speciellsten praktischen Entwickelung meiner Ansichten über die Zeit, in der wir leben, und über die Grundlagen, die ich in Tafel II. dieser Schrift und in der Einrichtungskunst systematisch verbunden dargelegt habe. Denn was bildet mehr, als Schwierigkeiten? —

§. 50.

Die weitern Entwickelungen dieser Erfahrungen werden in der Abschätzung der Einrichtung steigender Rente

*) Man findet sie zu Ende dieser Schrift, nebst dem größten Theil meiner übrigen praktischen Arbeiten vom Jahre 1808 bis heute, aufgeführt.

folgen. Man wird daraus ersehen, daß die große Verschiedenheit des ungarischen Klimas gegen das Klima des nördlichen Teutschlands, wo ich zu Hause bin, einen wesentlichen Einfluß auf die Begründung meines Systems hatte. Hier sey nur noch zuvor das Grundverhältniß bemerkt, in welchem ich den Futter- und Weidebau zu der Schützung des Bodens betrachtete und wonach ich die Anlagen derselben führte.

Wie im nördlichen Teutschland und besonders im nordöstlichen Theile desselben, z. B. in Ostpreußen, die Kälte durch die Schützung des Bodens gemildert werden muß, so fand ich in Ungarn, als dem südöstlichen Theile Mittel-Europas, die Hitze zu mildern nöthig. In beiden Fällen wird das richtige Verhältniß der feuchten Wärme *) durch die Schützung des Bodens erzeugt und erhalten werden können.

Für dieses richtige Verhältniß der feuchten Wärme aber giebt es nun eben keine bessere praktische Direction, als das gute klimatische Gedeihen des Futter- und Weidebaues. Denn derselbe ist mehr, als der Halm- und Hackfruchtbau, auf den rechten, d. i. der thierischen und pflanzlichen Produktion gedeihlichsten Grad der feuchten Luftwärme angewiesen, weil er mehr im geschlossenen, d. i. berasten Boden geführt wird, in welchen die Luftfeuchte — und folglich auch die Zersetzung der Luft des Bodens — nicht so leicht eindringt, als in den gelockerten Boden der Marktfrüchte. Diese aber, die Marktfrüchte, können sich nur in einem um so bessern Zustande befinden, als die Schützung des Bodens das klimatische Gedeihen des Futter- und Weidebaues bewirkt.

Indessen pflegt man noch zu wähnen, daß zu einem solchen gedeihlichsten Schützungszustande eine so feuchte Luft gehöre, daß dadurch das Trocknen des Heues und der andern Feldfrüchte gehemmt würde — wie denn auch eine sehr feuchte Luft wirklich viel Futter erzeugt; allein ein solches Futter ist kraftlos, weil die Pflanzen zu wenig Verdünstung hatten, und erzeugt — wie

*) Worüber ich in der Einrichtungskunst den Zusammenhang nachzusehen bitten muß. (§. 391—400.)

es z. B. in nassen Jahren allezeit am Auffallendsten an der Wolle bemerkt wird — wenig und schlechte Produkte aller Art. Hieraus aber geht hervor, daß die Erzeugung und Erhaltung feuchter Wärme durch die gehörige Verdünstung begränzt werden muß, oder, mit andern Worten, daß die edelste Futterqualität der Wiesen und Weiden das eigentliche Directorium der Schützung des Bodens hinsichtlich ihrer Massen und deren Stellungen werden müssen.

Anhang.

Erfahrungen

über

das Verhalten der verschiedenen Pflanzenarten in der grünen Düngung.

Da es zu wissen nöthig war:

1) welche Pflanzenarten binnen 6 bis 8 Wochen die größten Krautmassen geben?
2) welche noch in demselben Jahre in Stengel aufschießen, oder nur sich bestauden und Wurzelblätter machen?

so habe ich die meisten der nachfolgenden Pflanzenarten in dieser zwiefachen Rücksicht für sich allein versucht, und es haben diese Versuche darin ihren Werth, daß man durch sie belehrt wird, die Gemenge so zusammenzusetzen, wie es nöthig ist, damit sie durch das Verhältniß der schnellwüchsigen Pflanzenarten den Boden schnell bedecken und die schwächer wachsenden beschützen können.

In den Gemengen selbst kann man diese Eigenschaften nicht gut erkennen, theils, weil das dichte Gedränge die freie Entwickelung der Pflanze aufhebt, theils, weil die Einwirkung der verschiedenen Bodenstellen die Natur dieser oder jener Pflanzenarten mehr begünstigt.

Wo ich nur irgend dazu Gelegenheit fand, stellte ich diese Versuche an, unter Anderm auf verschiedenen Gütern in Ungarn, bei Warschau und zuletzt bei Königsberg. Ich wählte dazu einen gleichartigen Boden und säete die Pflanzenarten zu gleicher Zeit und unter gleichen Umständen auf Beete neben einander, zu 1 oder mehrern □Fußen, wozu ich frischen, gut aufbewahrten Saamen nahm; denn überjähriger, geschweige dumpfig gewordener, oder sonst beschädigter Saame zeigt, wenn er auch aufgeht, eine weit geringere Schnellwüchsigkeit und täuscht daher über den Werth der Pflanzenart.

Um dabei einen bekannten Maaßstab zu haben, säete ich Roggen, Rapps, Klee und Gerste, Hafer, Erbsen, Wicken, ebenfalls auf 1 □Fuß, zur Vergleichung des Verhältnisses der Gründüngungspflanzen aus. Diese Versuche geschahen mit allen Pflanzenarten, die sich dem Landwirth in Feld und Garten darbieten, wie sie mir nach und nach zugänglich wurden.

Hierunter nahmen die wilden oder Unkraut-Gesäme in Wald, auf Feld und in den Hausgärten der Wirthschaftshöfe und der Leute den ersten Rang ein, weil sie in der Regel die saamenreichsten und schnellwüchsigsten sind; und da es vor Allem wichtig ist, ihre Körneranzahl in 1/1000 Pfund Mittelgewicht zu kennen, so findet man sie nach dieser Eigenschaft in Tafel III. bis V. zur Uebersicht gestellt.

In diesen Uebersichten stehen aber nur die als sehr allgemein und fast überall in Feld und Garten sich darbietenden Pflanzenarten und nur nach ihren Geschlechtern aufgeführt, so daß eben deswegen noch eine nähere Erklärung dieser Uebersichten hier dahin nöthig ist: welche Arten derselben von mir versucht und angewandt wurden. Von diesen verschiedenen, dem Landwirth hie und da fast allgemein zur Hand stehenden Pflanzenarten gebe ich daher meine Erfahrungen und Behandlungen in folgenden 2 Abtheilungen, als Erklärungen der Uebersichten A. und B. auf Tafel III.

Erstens.

Zu der Uebersicht A. habe ich hier im Voraus bemerklich zu machen, daß ich in den verschiedenen Park- und Waldanlagen in Ungarn viele Gelegenheit fand, auch eine große Menge von ausdauernden (perennirenden) in- und ausländischen Blumenpflanzen (oder sogenannten Staudengewächsen) in die Außenlinien der Gebüsche einzumengen, und da diese mitunter vielen Saamen trugen, so ließ ich solche abnehmen und unter den in Tafel III. gewählten, den Leuten schon bekannt gewordenen Gebrauchsformen und Benennungen in Eins zusammenwerfen, insofern sie ziemlich von gleicher Saamengröße und gleichem Kraute waren. Diese Saamengewinnung war die wohlfeilste von allen, denn es bedurfte nur des Abschneidens der reifen Stengel und des Ausdreschens, weil die Pflanzen ausdauernd sind und die meisten derselben sich jährlich stärker bestauden.

Zweitens.

Zur Uebersicht B. bemerke ich vorläufig, daß ich auch viele einjährige Gartenpflanzen, nämlich der Küchen- und Blumengärten, versuchte und in den Gründüngungsgemengen anwandte.

I. Erklärung der Uebersicht A. Tafel III. Das Verhalten der angewandten Pflanzenarten in der Auffsaatgründüngung.

1. Färberwaid.

Diese wichtige Färberpflanze wird in manchen Wirthschaften und Gärten mit Vortheil gebauet; wo dies aber nicht geschieht, da verdient sie in den ländlichen Blumengärten ihren Platz als gute Gründüngungspflanze, weil sie mir binnen 6 bis 8 Wochen ein sehr starkes Kraut und sehr dicke zackige Wurzeln gab, und zwar auf geringen Bodenarten.

Kleineres Kraut und Wurzeln gaben der Feldwaid (Isatis campestris) und der Frühwaid (Isatis praecox), welcher letztere auch kleinern Saamen hat und auf armen Böden gedeiht.

2. Weberdistel.

In der Nähe von Tuchfabriken ist der Anbau dieser Pflanze oft sehr einträglich. Als Gründüngungspflanze verdient sie in den ländlichen Gärten ihre Stelle, denn sie gab ein starkes, hohes Kraut und dicke Wurzeln in wenigen Wochen auf mittelmäßigem Boden.

Die **Waldweberdistel** (Dipsacus sylvestris) stand ihr zwar darin nach, ist aber dennoch mit in die Gemenge aufzunehmen, wo man sie beiläufig wild findet.

Aus den Gebüschen der Lustgärten nahm ich noch dazu die Saamen der **Kugeldistel** (Echinops sphaerocephalus), **Ritro** und die sehr zahlreichen perennirenden **Centaureen-Arten**; nur ist der Saamenbetrag nicht groß von diesen Pflanzen.

3. Winter-Sonnenblumen.

Diese großen Staudengewächse zog ich ebenfalls in den Gebüschen. Es waren ihrer folgende, die meistens gute Böden fordern:

Helianthus altissimus, atrorubens, decapetalus, divaricatus, giganteus, mollis, multiflorus, trachelifolius,

und da ihnen folgende Pflanzenarten einigermaßen ähnlich waren, so wurden deren Saamen mit den Helianthen von dem Gärtner in Eins zusammengeworfen:

Helenium autumnale;

Buphthalmum aquaticum, cordifolium, grandiflorum, salicifolium;

Coreopsis alata, auriculata, lanceolata, tenuifolia, tripteris, verticillata;

Inula bifrons, bubonium, dysenterica, germanica, helenium, Oculus Christi, Salicina;

Imperatoria Ostruthium;

Rudbeckia laciniata, atropurpurea;

Silphium conjunctum, connatum, erythrocaulon, perfoliatum, ternatum, trifoliatum;

Serratula alata, centauroides, coronata, quinquefolia, radiata, tinctoria.

Alle diese Gewächse gaben zwar an sich selbst nur wenig Saamen, zusammengeworfen aber machten sie dennoch einen guten Beitrag, weil mir ihr starkes, hohes Kraut als Aschendüngung der Kunstwiesen des Parks wichtig war und ich daher dergleichen große Staudengewächse stark vermehrte. Einige gaben in den Gründüngungsgemengen ein starkes Kraut, andere weniger; im Ganzen waren sie schätzbar.

Die Asterarten, die Senecio, die Solidagen oder Goldruthen, die Cinerarien, die Synophalien und Eupatorien haben wenig oder gar keinen Saamen.

4. Rapps und Winterrübsen.

Das Verhalten dieser Wirthschaftsgesäme ist bekannt; in 6 bis 8 Wochen bilden sie ein 6 Zoll hohes Kraut.

Ich mengte auch noch die übrig bleibenden Saamen aller Kohl-, Winterrettig- und Winterrüben-Arten hinzu, welche die Gärtner sonst weggeworfen hätten, und die Saamen von Brassica elongata und polymorpha, welche ebenfalls zweijährige Pflanzen von starkem, schnellem Kräuterwuchse sind.

Aus den Blumengärten nahm ich hinzu: die Saamen der Nachtviolen, Hesperis runcinata, inodora, matronalis, tristis, weil sie gleiche Saamengröße mit dem Rapps und den Rübsen haben, gut aufliefen und ein frühes, wenn auch nicht starkes Kraut gaben.

5. Großsaamige Doldenpflanzen.

Dahin gehören, als die allgemeinsten: der gemeine Kälberkropf, Chaerophyllum sylvestre; der gemeine Bärenklau, Heracleum Sphondylium; der gemeine Pastinak, Pastinaca sativa; denn es giebt kein Gut, wo sie nicht wild wachsen und sehr oft in übergroßer Menge auf geringen Böden. Sie gaben, einzeln versucht, mir jederzeit bei 1 Fuß hohe kraftvolle Krautmassen und dicke, rübenartige Wurzeln in 6 bis 8 Wochen.

Aus den Gebüschen der Lustgärten nahm ich, als großsaamige Doldenpflanzen hieher gehörend:

Angelica archangelica, sylvestris, atropurpurea, verticillata;
Chaerophyllum bulbosum, temulum, aromaticum, aureum, cerefolium;
Heracleum giganteum, angustifolium, asperum, villosum;
Pastinaca graveolens, opaca;
Ligusticum Levesticum, austriacum;
Laserpitium latifolium;
Sium latifolium —

als diejenigen, welche viel Saamen gaben und von gutem, schnellem, starkem Krautwuchse waren, jedoch schon bessere Böden verlangen.

6. Winter-, Honig-, oder Steinklee.

Ich habe viele Arten dieser für die Gründüngung sehr wichtigen Gattung versucht, sowohl die zwei-, als die streng einjährigen Arten, am Ende aber gefunden, daß zum praktischen Gebrauche die weiße zweijährige, Melilotus vulgaris. Willd. oder M. leucantha. Koch alle andern übertrifft. Er wächst auf jedem Boden.

Nach der weißen Melilotus ist die gezähnte, Melilotus dentata Willd. (gelb blühend), die beste, und die gemeine (gelbe), Mel. officinalis. Linn. Mit der großwurzeligen, Melilotus macrorrhiza, obschon sie in Ungarn häufig wächst, habe ich kein Glück gehabt, da mir immer die Saamen verdarben, und in Teutschland konnte ich sie nicht bekommen.

Auch habe ich folgende perennirende Medicagen häufig in die Gebüsche gepflanzt und ihre Saamen mit unter die Gründüngungsgemenge verwendet:

blaue Luzerne, Medicago sativa,
mittlere Luzerne, Medicago media,
gelbe Luzerne, Medicago falcata,
geknaulte Luzerne, Medicago glomerata.

Alle diese Kleearten schießen zwar im ersten Jahre auf, werden aber in dem dichten Gedränge doch nicht so hoch, daß sie das Stroh futterig machen können, was jedoch mit dem weißen Steinklee vor allen der Fall ist, wenn man ihn allein nur dem Getraide aufsäet.

Ebenso ist es mit der Esparsette und den perennirenden Lathyrus-Arten und der zweijährigen Wicke, Vicia biennis, welche, einzeln gezogen, 10 bis 12 Fuß hoch wird.

Folgende Steinerbs-Arten hatte ich in die Gebüsche gepflanzt und ihre Saamen zur Gründüngung verwendet:

Astragalus canadensis, caroliniensis, galegiformis, onobrychis, sulcatus.

Sie machten gutes Kraut, nur ist ihr Saamenertrag gering.

7. Rothklee.

Das Verhalten desselben ist bekannt. Er bleibt klein, wenn er kraftlosen Boden findet, und wächst oft mit der Gerste zu gleicher Höhe, wenn der Boden kraftvoll und die Witterung günstig ist.

Da ich mir von den perennirenden Kopfkleearten, welche Tafel V. nachweiset, gedrillte Saamenbeete hielt, so konnte ich zuweilen auch von ihren Saamen den Gründüngungsgemengen etwas zutheilen; nur geschah es immer auf schon kraftvollem Boden, weil sie sonst nur wenig Kraut gaben.

Auch mengte ich die bunte Peltsche, Coronilla varia, ein, indem ich sie oft in großer Menge an den Rainen fand, da sie von den Heerden nicht berührt wird. Sie gab auf den schlechtesten Böden ein leidliches Kraut.

Aus den Gebüschen der Gärten mengte ich die Saamen der Anthyllis vulneraria ein, die jedoch nur wenig Saamen giebt.

8. Winter-Rittersporn arten.

In den Blumengärten findet man fast überall mehrere der perennirenden Rittersporn arten; die größten, schönsten und saamenreichsten waren folgende:

Delphinium speciosum, elatum, urceolatum, punicum, montanum, intermedium, exaltatum, cuneatum, azureum, amoenum, alpinum u. a. m.

Die Saamen liefen schnell auf und gaben ein ziemlich hohes Kraut auf mittleren Böden.

Gleiche Saamengröße hatten auch die Eisenhutarten, so daß ich sie gewöhnlich zusammenwerfen ließ, als:

Aconitum Napellus, Cammarum, Lycoctonum, paulculatam, pyrenaicum, Störneanum, Neomontanum variegatum u. a. m.

Die Saamen verhielten sich auf gleiche Weise.

Ferner auch ließ ich die Akelei mit diesem Gesäme zu Eins werfen, da die Saamen sich ziemlich gleich waren, als: Aquilegia vulgaris und formosa. Wo der Boden jedoch nicht sehr gut war, blieben die Eisenhut- und Akelei-Arten nur von kleinem schwachen Kraute.

9. Winter-Leinarten.

Da sich diese Blumenpflanzen sehr schön machten, so wurden in den Gebüschen ihrer viele vertheilt. Es waren folgende:

Linum austriacum, sibiricum, angustifolium.

Mit ihnen wurden zusammengeworfen:

Lychnis coronaria, fulgens, vesicaria;

Lythrum solicaria, tomentosum, vulgaris;

Saponaria officinalis und die größern Silenen-Arten.

Diese Pflanzenarten haben schleimige und klebrige Säfte, und, obschon sie nur wenig Kraut machen, bemerkte ich doch, wo sie auf den Versuchsbeeten gestanden hatten und untergegraben waren, daß sie viel Dungkraft haben müssen.

Ihre Saamen laufen schnell auf, werden von den Silenen-Arten in großer Menge geliefert, und manche derselben sind sehr fein. Mittlere Bodenarten.

10. Kleinsaamige Doldenpflanzen.

Dahin gehört die wilde Möhre, Daucus carota, welche sich oft in großer Menge vorfindet, mit folgenden andern:

Athamantha oreoselinum, libanotis, cervaria;

Peucedanum officinale, Silaus, arenarium;

Selinum carvifolia; Seseli glaucum;

Oenanthe fistulosa, pimpinelloides, peucedanifolia;

Pimpinella magna, saxifraga;

Carum carvi, Kümmel;

Anethum foeniculum, Fenchel;

Apium petroselinum, Petersilie.

An den letztern drei Gewürzpflanzen haben die Küchengärten oft Ueberfluß, besonders an dem Saamen der Krautpetersilie.

Diese Doldenpflanzen geben jedoch nur ein schwaches Kraut und können nicht für sich allein mit Vortheil gebaut werden, sondern gedeihen, wie auch die so eben berührten Kopfkleearten, nur in dem Schutze der größern, schnell- und starkwüchsigen Pflanzenarten, d. h. mit diesen gemengt ausgesäet. Mittel-Boden.

11. Bibernellen.

So nenne ich zum Unterschiede der eigentlichen Pimpinellen (Pimpinella), die Doldenpflanzen sind, die Sanguisorben und das Poterium sanguisorbe, die zur Kopfblumen-Familie gehören und daher sehr verschieden sind.

Die gemeine Bibernell, Sanguisorbe officinalis, auch Wiesenkropf genannt, findet man sehr häufig; und mit der fälschlich so genannten Pimpinelle, Poterium sanguisorbe, die eine vortreffliche Weidepflanze für Schaafe ist und die man Schaaf-Bibernell nennen sollte, bildete ich oft einen guten Bestandtheil der Aussaatgemenge.

Aus den Gebüschen setzte ich noch die Saamen zu von Sanguisorbe canadensis, carvea, media und tenuifolia. Mittlere Bodenarten gaben mir viel Kraut von diesen Pflanzen.

12. Wiesenrauten.

Folgende Arten derselben wuchsen zum Theil in Ungarn wild, zum Theil hatte ich sie kommen lassen und den Außenlinien der Gebüsche reichlich eingemengt:

Thalictrum aquilegifolium, elatum, flavum, majus, medium, minus, rugosum, sibiricum, lucidum, glaucum, glaucescens, simplex, squarrosum, divaricatum, concinnum u. s. w.;

denn die Saamen dieser Pflanzenarten laufen schnell auf und geben in kurzer Zeit eine ansehnliche Krautmasse; die Pflanzen selbst aber wachsen zu Stauden hervor, die oft einige Pfunde Saamen tragen. In 6 bis 8 Wochen machen sie fußhohe Krautmassen, die im ersten Jahre schon, wie die Meliloten und Kleearten, in Stengel schießen, so daß man die Wiesenrauten mit als Schutzpflanzen in den Gemengen betrachten kann. Sie wollen keine ganz schlechten Böden.

13. Labkräuter.

Unter den übrigen sind vorzüglich die gemeinsten und am häufigsten vorkommenden: das gelbe Labkraut, Galium verum, und das weiße, Galium mollugo, die besten. Denn sie geben ziemlich viel Saamen, der gut aufläuft, in 6 bis 8 Wochen 6 bis 9 Zoll hoch wird und, wie die Wiesenrauten, noch das erste Jahr in Stengel schießt.

Auch wurden die Saamen der Färberröthe, Rubia tinctorum, hinzugenommen. Sie wuchsen auf trockenen Böden.

14. Ampferarten.

Diese bewiesen sich sammt und sonders sehr brauchbar, als:

Rumex acetosella, Schaafampfer,
— acetosa, Sauerampfer,
— crispus, Krausampfer,
— acutus, Spitzampfer,
— Patientia, Gemüsampfer,
— Nemolapathum, Waldampfer,
— maritimus, Strandampfer,
— obtusifolius, Stumpfampfer,
— Hydrolapathum, Wasserampfer.

Die ersten 4 Arten sind oft so häufig, und zwar auch auf schlechten, leichten und magern Böden, daß ein Mann in einem Tage ganze Fuhren voll abschneiden kann; der Gemüsampfer ist eine gute Küchengartenpflanze, wächst auch auf geringen Böden und liefert darauf vielen Saamen; die übrigen finden sich in Wäldern und an Wassergräben. Die Saamen laufen allesammt schnell auf und machen in 6 bis 8 Wochen ein starkes Kraut mit dicken, ästigen, rübenartigen Wurzeln.

Diese Ampferarten gehören also zu den Schutzpflanzen der Gemenge wegen ihres starken Krautes; denn sie schießen im ersten Jahre nicht in Stengel.

Aus den Gebüschen der Gärten mengte ich den Ampferarten noch die Saamen der Rhabarberarten zu, als: Rheum compactum, Rhaponticum, undulatum, hybridum u. a. m.

15. Pippau-Arten.

Da der gemeine Pippau, Crepis biennis, an vielen Orten und vorzüglich auf leichten Böden so häufig ist und ihm die nachfolgenden andern Pflanzenarten sehr ähnlich sehen, auch ihre Saamenkörner ziemlich von gleicher Größe sind und die

Leute nach dem verwandten Ansehen die Saamen gern benennen, so führe ich sie hier zusammen auf:

Crepis biennis, hieracioides, rigida — Pippauarten.

Hypochaeris radiata, maculata — Ferkelkrautarten.

Hieracium umbellatum, sabaudum, murorum, praemorsum, cymosum, boreale, glaucium, latifolium, prenanthoides, speciosum u. a. m.

Prenanthes purpurea, muralis, viminea — Hasenlattigarten.

Lactuca stricta, Scariola, virosa, sagittata — Lattigarten.

Chondrilla juncea — Binsenlattig.

Fast sämmtlich auf Sandböden wachsend.

Hiezu sammelten die Leute und ihre Kinder noch folgende verwandte Gesäme aus Feld und Garten ein:

Leontodon taraxacum; Apargia hispida und autumnalis; Scorzonera angustifolia, eriosperma, graminifolia, hispanica, rumicifolia,

ehe und sobald diese Saamen ihre Federkronen erhielten.

Die meisten aller dieser Pflanzenarten haben fette, milchige Säfte und düngen stark. Ihre Saamen lassen sich zwar nicht leicht gewinnen, allein die Leute wissen es schon mit ihnen abzupassen; denn sobald sie und ihre Kinder einmal im Einsammeln eingeübt sind, lassen sie das reife Gesäme nicht mehr nutzlos abfallen. Zu den Schutzpflanzen, d. h. zu den schnellwüchsigen, gehören die obigen Arten nicht, allein sie gaben mir doch ein ziemliches Kraut und machten die Gemenge kräftig. Nur dürfen keine perennirenden Sonchus-Arten genommen werden, weil diese fast alle sehr wuchernd sind.

16. Löwenmaul-Arten.

Mit dem gemeinen Löwenmaul der Gärten, Antirrhinum majus, sind die Linarien verwandt, so wie die Larvenblumen überhaupt; und da ich sie, als sehr hübsche Blumenpflanzen, in den Außenlinien der Gebüsche reichlich einmengte, so ließ ich ihre Saamen unter der obigen Benennung in Eins zusammen werfen, als: Linaria vulgaris, striata, silenifolia, purpurea, linifolia, genistaefolia u. a. m., sammt dem Löwenmaul, auf Sandboden wachsend.

Ferner auch die Löwenschwanz-Arten:

Leonurus Cardiaca, condensatus, crispus, tartaricus,

und die Roßnessel:

Stachys sylvatica, sibirica, recta, palustris, lanata, intermedia, germania, foeniculum, alpina, davon einige sehr fleischige Wurzeln haben.

Dann die Phlomis tuberosa und Scrophularia nodosa, aquatica, arguta, betonicaefolia, biserrata, glandulosa.

Diese Pflanzenarten machten nur ein kleines, 3 bis 6 Zoll hohes Kraut binnen 6 bis 8 Wochen und gehören daher zu denjenigen, die nur unter dem Schutz der schnellwachsenderen gedeihen; auch schossen sie meistens schon im ersten Jahre in Stengel. Die letztern 3 Geschlechter verlangen bessere Böden.

17. Königskerzen.

Die gemeinen Arten, Verbascum Thapsus und Lychnitis wachsen auf dürren Böden und auch auf Flugsand, oft sehr häufig. Die schwärzliche, V. nigrum, und die rostige, V. ferrugineum, zog ich in den Gebüschen, denn sie sind ausdauernd.

Mit den Königskerzen wurden zusammengeworfen:

Reseda alba, lutea und fruticulosa;

Agrimonia dupatoria und odorata;

Veronica virginica, longifolia, maritima, latifolia, angustifolia, foliosa, glabra, incana, acuta, arguta, incisa, media, paniculata, sibirica u. a. m.

Diese Ehrenpreisarten gaben mir beträchtlich viel Saamen, weil sie hübsch sind und daher ihrer viele in die Gebüsche vertheilt wurden; sie schossen meistens im ersten Jahre auf und machten ein weit schwächeres Kraut, als die Königskerzen.

18. Katzenmünzen.

In Ungarn wuchsen folgende Arten derselben häufig wild und da sie ein gutes Ansehen haben, so zog ich sie in den Gebüschen:

Nepeta Cataria, pannonica, nuda, coerulea, grandiflora, latifolia, ucrainica, violacea.

Sie geben viel Saamen, der schnell aufgeht und eine gute Krautmasse bildet.

Mit ihnen wurden zusammengeworfen:

Monarda officinalis, altissima, fistulosa, Clinopodium, rugosa, didyma;

Ruta graveolens, Melissa officinalis;

Hyssopus officinalis, scrophularioides u. a. m. Mittel-Böden.

19. Schierlingsarten.

Unter diesen gab der kroatische Schierling, Conium croaticum, am meisten Saamen. Er ist zweijährig und verdient als Gründüngungspflanze in den Gärten eine Stelle, zumal er auch viel besser aufläuft und sich stärker und schneller bestaudet, als der gefleckte Schierling, Conium maculatum.

Die Gleiße, Aethusa Cynapium, läuft auch gut auf, giebt aber kein großes Kraut.

Aus vernachläßigten Gärten, oder in den Winkeln dieser oder jener Gärten habe ich oft große Mengen dieser Schierlings-gesäme einsammeln lassen. Mittelböden.

20. Hartheu-Arten.

Die ersten der nachfolgenden Arten finden sich häufig wild und die andern zog ich in den Gebüschen, als:

Hypericum perforatum, dubium, montanum, hirsutum, quadrangulare, Androsaemum, macrocarpon, pyramidatum.

Sie gehen ziemlich gut auf, machen aber nur ein niedriges Kraut. Mittel-Böden.

21. Winterhederiche.

Dahin zähle ich folgende zwei- und mehrjährige Pflanzenarten:

Erysimum virgatum, diffusum, odoratum, hieracifolium, alliaria, angustifolium, sämmtlich ♂;

Barbarea vulgaris, arcuata, ♃;

Cheiranthus erysimoides, ♂.

Diese Pflanzenarten sind sehr saamenreich, laufen schnell auf und geben gute Krautmassen auf sandigen Böden.

22. Winterkressen.

Es sind deren folgende zusammengeworfen worden:

Alyssum incanum, murale, argenteum, edentulum;
Lunaria annua, rediviva;
Arabis caucasica;
Lepidium latifolium.

Ich unterschied diese Form, weil ihre Pflanzenarten sich auf sandigen Stellen nützlich zeigten.

23. Winterrauken.

Folgende Arten sind mehrjährig und geben sehr viel feinen Saamen:

Sisymbrium strictissimum, monense, sylvestre, murale, tenuifolium; auch wachsen sie auf Sand und den dürrsten Böden.

Es war diese Form sehr wichtig, weil sie sehr saamenreich ist und daher mit wenig Pfunden eine große Verdichtung der Gemenge gab. Auch gaben diese Pflanzenarten ein üppiges Kraut auf sandigen Böden.

24. Rainfarn.

Unter dieser Benennung wurden folgende Gesäme zusammengeworfen:

Tanacetum vulgare, crispum, balsamita — Rainfarn-Arten;
Achillea, Eupatorium, distans, nobilis, Ptarmica, abrotanifolia, Impatiens — Schaafgarbe-Arten;
Pyrethrum corymbosum, roseum, Parthenium, parthenifolium, carneum, macrophyllum, uliginosum — Bertram-Arten.
Chrysocoma Linosyris — Goldhaar.

Größtentheils auf dürren oder sandigen Böden gedeihend; die Bertram-Arten gaben starke Schutzpflanzen in den Gemengen ab.

25. Weinblumen.

Für die Sandböden sind die Weinblumen, Oenothera biennis und Fraseri, sehr schätzbare Dungpflanzen durch Kraut und Wurzel, auch nicht weniger für andere Böden, so daß ihr Anbau in Gartenwinkeln und Blumenpflanzen selbst, so gemein die erstere auch ist, nicht fehlen sollte.

Mit ihnen zusammen wurden geworfen die perennirenden Mohnarten, Papaver orientale und bracteatum.

Die gemeine Weinblume ist eine gute Schutzpflanze, gedeiht aber nur, wenn sie auf dem Schnee im Anfang des Winters gesäet wird.

26. Silenen-Arten.

Unter diesen finden sich sehr fein- und vielsaamige Pflanzenarten, die an sich selbst zwar wenig Krautmassen, aber eine große Menge leicht auflaufender Körner gaben und zur Verdichtung der Gemenge gleich den Gräsern beitrugen:

Silene compacta, catholica, inflata, italica, livida, nemoralis, nutans, sibirica, tatarica, viridiflora;

Gypsophila altissima, acutifolia, collina, paniculata, perfoliata;

Armeria vulgaris.

Diese Pflanzenarten wuchsen auf leichten trockenen Böden.

27. Wermuth-Arten.

Dieser Gesäme bezog ich folgende, theils von den wilden Pflanzen, theils aus den Gärten und Gebüschen, wo ich sie eingemengt hatte:

Artemisia campestris, saxatile, austriaca, camphorata, pontica, Abrotanum, Absynthium, vulgaris, biennis.

Unter diesen sind der Feld-Beifuß, A. campestris, auf dem dürrsten Sande, und der gemeine Beifuß, A. vulgaris, überall zu Hause und in großer Menge. Die Saamenlieferung dieser Form ist bedeutend und ihre Krautmassen in der Aussaat sehr kräftig gedeihend, am stärksten aber von dem zweijährigen Wermuth, A. biennis.

28. Weiderich=Arten.

Das Geschlecht der Epilobien. Nur sind die perennirenden Arten fast alle zu sehr wuchernd und auch ihre Saamen sind zu schwer von der Wolle zu reinigen, bis auf den zweijährigen Weiderich, Epilobium davuricum. Diesen allein zog ich in Menge, weil er eine große Menge des feinsten Saamens lieferte, der immer sehr gut auflief und zwar kein großes Kraut machte, allein mit wenig Pfunden Saamen eine starke Verdichtung der Gemenge bewirkte. Mürber, leichter Boden.

29. Gräser=Arten.

Obschon nun zwar unter den vorstehenden Kräuterarten viele sind, die durch ihre schlanke, dünne, blätterlose, den Gräsern ähnliche Wachsthumsart die Gemenge zu verdichten im Stande sind, so war es doch nicht der Fall, sondern ein auffallender Unterschied sich bar, wo ich keine Gräser eingemengt hatte.

Es bleibt mir daher nur noch übrig, die Bodenarten bemerklich zu machen, auf denen die in der Uebersicht A. befindlichen Gräserarten gut gediehen:

Auf trocknen oder leichten Böden:

Die Feldtrespe und die Ackertrespe, das Raigras und das Knaulgras, der Schaafschwingel und der Hartschwingel, das Wollgras und die Grauschmiele.

Auf Mittelböden (außer den obigen Gräserarten):

Das Hafergras und der Wiesenschwingel, das Hochperlgras und das Blauperlgras, das Lieschgras und die Fußgrasarten, die Rasenschmiele und die Straußgrasarten.

Auf feuchten Böden (außer den obigen Gräserarten):

Die Roggentrespe und die Großtrespe, der Hochschwingel und das Glanzgras, die Rohrschmiele.

30. Rückblick.

Möge nun aus dem vorstehenden Beispiel die Ueberzeugung hervorgehen, wie nützlich alle diese in Feld und Wald und Garten vorhandenen Pflanzenarten der Landwirthschaft werden können, indessen sie heute noch ohne diese Anwendung da sind; und wie aus Hof und Garten des Landwirths die kraftvollste und wohlfeilste Pflanzendüngung des Bodens unterhalten werden kann.

Anfangs reichen zwar die wilden Gesäme hin, allein am Ende nehmen sie ab, und es bleibt dann immer eine sehr wichtige und folgenreiche Hülfsquelle, in den Gebüschen der Lustgärten eine Menge ausdauernder Staudengewächse zu haben, von deren Saamen man die Gründüngungsgemenge der Aussaat und der Stoppeln so wohlfeil, als es auf keine andere Art möglich werden kann, zu bestreiten vermag.

Ueberdem gewähren auch diese Staudengewächse noch den Vortheil einer reichern Bienenweide durch ihre Blüten, und durch ihr Gesträuch geben sie ein beträchtliches Brennmaterial sammt vielen andern in der Folge stehenden, jetzt noch unerkannten Nutzungen.

II. Erklärung der Uebersicht B. Tafel IV. Das Verhalten der angewandten Pflanzenarten in der Brachgründüngung.

1. Lupinen.

Die Lupinen haben sich einen großen Namen in der grünen Düngung gemacht und — sehr kleinen Erfolg. Nicht daß ihre Dungkraft daran Schuld wäre, denn diese ist vielmehr sehr stark, sondern weil ihre Saamenkörner zu groß sind und daher ihre Anwendung für sich allein zu kostbar wird. Es sind ihrer folgende von mir versucht worden:

Lupinus albus, hirsutus, luteus, angustifolius;

und da ich die Saamengröße und ein verwandtes Ansehen und Verhalten der Pflanzenarten als praktische Formen ihrer Anwendung zu Grunde legte, so warfen die Gärtner folgende andere Saamenarten mit den Lupinen zu Eins:

Vicia Faba equina (Pferdebohne), serratifolia, narbonensis, platicarpa u. a. m.;

Lathyrus sativus, tingitanus, Aphaca, alatus, speciosus, cornutus, spurius, annuus, articulatus u. a. m.;
Astragalus cicer u. a. m.

Das Auflaufen ist, wie bei allen erbsenartigen Gesämen, rasch und die Krautbildung schnell, nur wollen diese Pflanzenarten keinen schlechten Boden.

2. Erbsen und Wicken.

Höchstens nur die Abfälle der Erbsen, nämlich die kleinsten, ausgesuchten oder wurmstichigen nahm ich zur Gründüngung und vermengte sie für bessere Böden mit Wicken, für geringere mit Linsen.

Ich habe viele Arten von den Geschlechtern Pisum, Lathyrus, Vicia, Ervum und einjährige Medicago-Arten versucht, allein gefunden, daß unter ihnen keine war, welche den gewöhnlichen Erbsen, Wicken und Linsen an Schnellwüchsigkeit gleichkommt; in den Gärten ließ ich sie aber als Blumenpflanzen cultiviren, und ihre Gesäme wurden, je nach ihrer Größe, entweder in die Lupinenform, oder in die Erbsen- und Wickenform geworfen.

Da nun aber die erbsensaamigen Pflanzen viel Dungkraft haben und gut auflaufen, so suchte ich unter den kleinkörnigen irgend eine dankbare saamenreiche Art aufzufinden, um aus einem Pfunde mehr Pflanzen auf dem Acker zu haben. Darunter waren am besten:

Ervum nigrum mit Ervilia (Linsenarten) auf 1/1000 Pfund zu	20	Körner,
Lathyrus Nissolia zu	50	—
Vicia gracilis bei	200	—
Medicago mollissima bei	500	—
— graeca bei	600	—

und es war der Vorzug bei diesen Pflanzenarten, daß sie auf geringen Böden den meisten Saamen gaben und auf guten Böden sich überwuchsen.

3. Buchwaizen.

Für sich allein giebt der Buchwaizen dem Sande nur eine schwache Düngung; mir war er nur eine Form der grünen

Düngung, zu der ich die wilden Gesäme des Fleckenknötrigs (Polygonum Persicaria), der in feuchten Jahren die Gerste so sehr verdirbt, und des Wiesenknötrigs (P. Bistorta) mengte und von den Kindern einsammeln und aus dem Getraide absondern ließ. Uebrigens warfen die Gärtner noch folgende andere wilde Gesäme in die Buchwaizenform:

Bupleurum rotundifolium, Hasenohr;

Corispermum vulgare, canescens, nitidum, Wanzensaame, welche ebenfalls auf Sandboden wachsen, für sich allein versucht gut auflieſen und ein starkes Kraut gaben.

4. Runkeln.

Da ich die Runkeln als ein vortreffliches Milchfutter der Kühe baute, so blieb oft viel Saamen übrig. Aus den Gärten kamen noch die Saamen der rothen Rübe und des Mangolds hinzu, auch warfen die Gärtner den überflüssigen Saamen ihrer Hafer- und Skorzoner-Wurzeln, Borretsch, Sonnenblumen, Mariendistel (Carduus marianus) und dergleichen großkörnige zufällige Gesäme mehr in diese Form.

Ich versuchte ein solches Gemenge für sich allein und fand, daß es ein tüchtiges Kraut gab; in den Gemengen der Brache aber stachen besonders die Sonnenblumenpflanzen hervor.

5. Hanf.

Theils als Ueberbleibsel aus dem Wirthschaftsgebrauch, theils von dem wilden Hanf eingesammelt, ward derselbe auch eine Form der Brachgemenge.

Ich versuchte auch die große Nessel, Urtica dioica, als Gründüngungspflanze, weil sie viel Saamen macht, der in 1/1000 Pfund bei 3000 Körner, indessen der Hanf nur bei 50 Körner hat. Sie machte auch ein ziemliches Kraut, allein ihre Wurzeln starben nicht ab, nachdem das Gemenge eingeackert war, und so kann ich sie nicht empfehlen, obschon ihre Dungkraft sammt dem Hanfe sehr auffallend war.

6. Stechapfel.

Die einzelnen Versuche mit dieser sehr häufig wild wachsenden Pflanze (Datura strammonium) gaben den günstigsten Erfolg. Das Kraut lief schnell in die Höhe, und als ich die Versuchsstelle umgraben ließ und ein Gemenge von Roggen, Hafer und Erbsen darauf säete, stand dieses weit besser, als auf den daneben befindlichen Stellen, wo andere Kräuter umgegraben waren.

Zu dem Saamen des gemeinen Stechapfels wurden ferner geworfen:

Datura tatula und fastuosa,

Hyoscyamus niger, Bilsenkraut,

Solanum Lycopersicum und nigrum, Nachtschatten,

welche eben so gut aufliefen.

Dabei erinnere ich noch, daß ich auch die übrig gebliebenen kleinen unbrauchbaren Kartoffeln, ihre Keime und Schalen mit einackern ließ.

7. Malven.

In den Blumengärten machen die Stockrosen, Malva alcea oder Alcea rosa, viel Schönheit, und da ich sie häufig anbringen ließ, wurden ihre Saamen zu einer Form der Einsammlung für die Gründüngung der Brachen angewandt. Auch ward noch dazu geworfen:

Lavatera trimestris und thuringiaca;

Althaea cannabina, narbonense, officinalis, rosea. Eibischarten.

Dieses Gemenge gab für sich allein versucht ein tüchtiges Kraut, und in der Brachgründüngung zeichnete es sich ebenfalls aus.

8. Spinat.

Der Saame wird in den Küchengärten in Menge gewonnen, läuft schnell auf und zeigte sich in den Gemengen der Brachgründüngung sehr brauchbar.

Ich versuchte auch Blitum capitatum uud virgatum, Erdbeerspinat, allein das Kraut blieb zu klein.

9. Senfarten.

Sie gaben zwar nicht so viele Körner als der Sommerrübsen, allein ihr Wachsthum ist rascher und der Erdfloh schadet ihnen nicht so sehr, als dem Rübsen. Ich habe folgende Arten in Feld und Garten zum Saamen gebaut:

Sinapis alba, weißer Senf,
— nigra, schwarzer Senf,
— incana, grauer Senf.

Dazu ließ ich die reifen wilden Pflanzen ausziehen des:

Sinapis arvensis und campestris, Ackersenf,
Brassica campestris und austriaca, Rübsen,
Raphanus Raphanistrum, Ackerrettig.

Zum Dritten kam in diese Form das Auskehrig des Getraides, welches ich stark werfen und reinigen ließ, so daß es aus lauter frischen Körnern zum sichern Auflaufen bestand.

10. Kornblumen.

Ein Versuch mit dem frischen Saamen der gemeinen Kornblume, Centaurea Cyanus, und des so schädlichen Raden, Agrostemma Githago, gab zwar kein hohes Kraut, aber doch genug, um diese Pflanzen auf einem Felde, wo sie überhäufig waren, aus dem gemähten Korn von den Kindern und Weibern aussammeln und besonders abdreschen zu lassen. Ein so unreines Getraide findet sich zwar nicht überall, und ich erwähne es hier auch nur für die einzelnen Fälle, um das Unkraut recht zu nutzen, indem der Erfolg in aller Hinsicht lohnend war, sowohl des reinen Kornes, als auch der grünen Düngung wegen, die dieses frische Gesäme mir noch denselben Sommer in der Brache gab, was auch, nämlich in Ungarn, die Saatfahre nicht sehr verspätete, nachdem das Gemenge 6 Zoll herangewachsen war.

In einem andern Falle, wo ich auch vielen Kornblumensaamen aus dem Hinterkorn erhielt, war im Herbste viel Saamen von dem Zweizahn, Bidens tripartita, und dem Tausendgüldenkraut, Chironia Centaureum, von einem Außenschlage eingebracht worden; und da ich dies Gemenge im andern Sommer aussäete, zeigte sich besonders der Zweizahn als eine gute Gründüngungspflanze für die Brache.

11. Melden.

In den Küchengärten fand ich eine große Menge von der

Gartenmelde, Atriplex hortensis, und auf den Schutthaufstellen der Dörfer sehr viele wilde Melden, als:

Atriplex nitens, acuminata, hastata, patula, laciniata, angustifolia, littoralis u. a. m.

Diese Gewächse liefen schnell auf, gaben ein starkes Kraut und zeigten eine stärkere Dungkraft gegen die daneben eingegrabenen Kräuter. Auf dem Acker aber zeichnete sich die Gartenmelde in dem Brachgemenge aus.

12. Schwarzkümmel.

Auf den ungarischen Sandäckern findet sich viel von dem Acker-Schwarzkümmel, Nigella arvensis, Feldrittersporn, Delphinium Consolida, Ackerleinkraut, Linaria arvensis und spuria, Feldlöwenmaul, Antirrhinum orontium u. a. m.

Da nun diese Gewächse von ziemlich gleicher Saamengröße sind, so wurden sie zusammengeworfen.

Alle diese Gesäme liefen gut auf und gaben ein mittelmäßiges Kraut.

13. Leindotter.

Diese Pflanze (Myagrum sativum) findet sich in dem Lein sehr häufig, daher der Name. Die kleinen Leute schonen ihn aber und lassen sich aus dem Saamen Oel schlagen. Er ist auf sandigen Böden eine vorzügliche Oelpflanze. Nicht weniger wichtig ist er aber auch als Gründüngungspflanze, denn er schießt sehr rasch auf und zeigte sich als eine der stärksten Schutzpflanzen in den Brachgemengen.

Es wurden auch wild gefunden Myagrum paniculatum und ambiguum, die jedoch nicht so viel Kraut machten und niedriger blieben.

14. Gartenkresse.

Ich sah, daß sie in den Küchengärten bis 3 Fuß hoch ward und zwar auf leichten Böden, wandte sie daher in den Brachgemengen an und fand sie von vorzüglicher Schnellwüchsigkeit (Lepidium sativum).

Es wurden in dem Küchengarten alle Jahre ein Paar Beete für diesen Zweck zur Saamenzucht gebaut.

15. Dill und Körbel.

Der Dill, Anethum graveolens, ist bekanntlich ebenfalls eine schnellwüchsige Küchengartenpflanze. Ich machte eine Form daraus mit den Körbelarten Scandix odorata, Caucalis Anthriscus und Anthriscus vulgaris.

Das Kraut ward in den 6 bis 8 Wochen, die ein Brachgemenge bedarf, ziemlich hoch.

16. Spörgel.

Allbekannte Gründüngungspflanze auf Sandböden (Spergula arvensis). Sein fettes Kraut zeigte sich sehr düngend im Vergleiche mit andern umgegrabenen Kräutern der einzelnen Versuchsstellen.

Um ihn immer an der Hand zu haben und weil er seinen Saamen leicht ausstreuet, baute ich ihn auf ein Paar Ackerbeeten beständig fort für sich allein und düngte ihn mit sich selbst, d. h. mit seinem wieder ausgeschlägenen und eingeackerten Kraute. Ich erhielt 2 Ernten im Jahre.

Mit dem Pillen-Spörgel (Spergula pilifera), der 5000 Körner in 1/1000 Pfund hat, wollte es mir nicht glükken; es mogte aber der Saame zu alt seyn.

17. Rainkohl.

Diese Pflanze steht gern feucht und schattig, giebt aber dennoch auf dem Acker gebaut ein rasches hohes Kraut (Lapsana commune).

Sie ist eine Schutzpflanze in den Brachgemengen und von guter Dungkraft.

18. Saukohl.

Der Saukohl, Sonchus oleraceus, ist ein lästiges Unkraut in den Küchen- und Blumengärten, allein von fettem Kraute und starkem Wuchse. Um ihn zu vertilgen, ließ ich überall, wo er aufwuchs, die reifen Saamenköpfe von ihm abreißen, was die einmal aufs Einsammeln eingelehrten Leute nicht verabsäumten.

Weil dies aber nicht viel Saamen für eine Form gab, so wurden noch folgende jährige wilde Gesäme hinzugeworfen:

Crepis hispida und tectorum, Ackerpippau;
Prenanthes hieracifolia, Acker-Hasenlattig;
Parthenium inodorum und
Xeranthemum annuum, Strohblume.

Der Versuch mit diesem Gemenge fiel günstig aus, denn obschon das Kraut nicht hoch wurde, zeigte es doch starke Dungkraft.

19. Kamillen.

Manche Aecker findet man bekanntlich mit diesem Unkraute ganz überdeckt, nämlich von:

Anthemis Catula, Hundskamille,
— arvensis, Ackerkamille,
— nobilis, Edelkamille,
— tincteria, Färberkamille,
Matricaria Chamomilla, Mutterkraut.

Solche Stellen ließ ich, nachdem die Kamillen reif waren, mähen und ausdreschen. Der Saame läuft gut auf, muß aber stark geworfen und gesiebt werden, um verläßlich zu seyn. Das Kraut wird in den Brachgemengen zwar nur klein; füllt aber den Schluß — und zwar auf leichten, dürren Böden — gut aus.

20. Mohnarten.

Es giebt Felder, die ganz roth von ihren Feldmohnarten erscheinen. Es sind deren:

Papaver Argemone, Rhoeas, dubium.

Es ist mit ihnen, wie mit den Kamillen; wenn der Boden einmal mit diesem Gesäme angefüllt und durchgeackert ist, hat man lange zu thun, bis er wieder rein wird, indem die Körner nicht aufgehen, wenn sie auch nur 1 Zoll tief liegen. Das Unkraut des Bodens zu seiner Gründüngung angewandt ist aber eins der besten Mittel ihn zu reinigen.

Obenauf gesäet und eingewalzt gehen diese feinen Gesäme allezeit gut auf, wenn der Boden nicht klößig ist, denn alle feinen Gesäme wollen einen mürben Boden. Ich habe die Feldmohnarten mit gutem Erfolg auf sandigen Böden in den Brachgemengen angewandt und dazu auch zuweilen den Gartenmohn (Papaver somniferum) geworfen.

21. Hasenklee.

Auf vernachläßigten leichten Aeckern findet man diesen Klee (Trifolium arvense) gewöhnlich in Menge. Er ist leicht zu gewinnen, indem man die reife Pflanze ausziehen läßt. Auch ging er mir immer gut auf und half die Menge verdichten.

22. Amaranthen.

Wild wachsend findet sich der grüne Amaranth (Amaranthus viridis) sehr häufig, und aus den Blumengärten setzte ich noch folgende, als die saamenreichsten und schnellwüchsigsten, hinzu:

Amaranthus chorostachys, tristis, sanguineus, inamoenus, flavus, paniculatus, melancolicus, hypochondriacus.

Sie laufen schnell auf und bilden ein starkes, schützendes Kraut in den Brachgemengen, wollen aber keinen kalten, sondern einen warmen, mürben Boden.

23. Gänsfuß.

Nachstehende Arten finden sich überall in Menge wild wachsend:

Chenopodium album, ficifolium (in Ungarn), hybridum, polyspermum, rubrum, Bonus Henricus,

und sind die saamenreichsten, schnellwüchsigsten und besten zur grünen Düngung der Brachen; vor allen aber Chen. album, der gemeine weiße Gänsfuß, und Chen. ficifolium, der feigenblättrige.

Man kann von dem weißen Gänsfuß oft in einem Gute bei 100 Scheffel Saamen gewinnen. Er läuft schnell auf, macht hohes Kraut und düngt mächtig. Noch mehr aber leistet dieses der feigenblättrige Gänsfuß. Unter allen Kräutern, die ich abgesondert versuchte, machte er in 6 bis 8 Wochen das höchste

Kraut, und im Vergleich mit andern umgegrabenen Kräutern war auch seine Dungkraft die ausgezeichnetste. Nur müssen die Saamen frisch und nicht dumpfig geworden seyn. Der Geruch der Saamen ist widrig und die Pflanze giftig. Dagegen macht man an der Wolga von dem Saamen des weißen Gänsfuß Grütze, so daß derselbe also nicht schädlich seyn kann, und einen andern merkwürdigen Gebrauch machen die Russen von seinem Saamen in der Art zu Astrachan, daß sie mit seinen Körnern das Leder pressen und dadurch das sogenannte Chagrin bereiten.

24. Elsholtzie.

Ein Gartenunkraut (Elsholtzia cristata), das schnell in die Höhe schießt, rasch aufgeht und gut düngt. Ich zog immer einige Gartenbeete voll von diesem Saamen, da es sich in den Brachgemengen auszeichnete und zwar auf leichten Böden.

25. Sommerhederiche.

Dahin gehören folgende sehr häufig wild wachsende und sehr saamenreiche Arten:

Erysimum officinalis, Eisenhederich,
— repandum, ästiger Hederich.

Sie laufen schnell auf und wachsen auf sandigen, trockenen Böden sehr üppig in den Brachgemengen.

26. Sommer-Rauken.

Es sind deren folgende eben so allgemein vorkommend und eben so saamenreich:

Sisymbrium Loeselii, Columna, Irio, altissimum, Sophia. Die letztere hat in 1/1000 Pfund bei 4000 Körner. Ihr Verhalten war ganz wie bei den Erysimen. Mit wenigen Pfunden erzeugten sich durch diese Rauken und Hederiche viele Pflanzen auf der Fläche und verdichteten durch ihren dünnen aufrechten Wuchs die Brachgemenge.

27. Sandkressen.

Diese haben noch feinere Saamen und zeigten sich für die schlechtesten Sandäcker in den Brachgemengen nützlich, als:

Arabis thaliana, arenaria, turrita;
Turritis glabra und patula.

28. Besen-Wermuth.

In Ungarn sehr häufig (Artemisia scoparium) auf Schutthaufen wachsend. Jede Pflanze ist ein fertiger Besen, 2 bis 4 Fuß hoch, dicht und voll des feinsten Saamens.

Der Saame läuft gut auf, und es zeichnete sich das Kraut in den Brachgemengen vorzüglich durch seine Schnellwüchsigkeit aus.

29. Gräserarten.

Von den in der Uebersicht B. Tafel IV. gestellten Gräsern sind — hinsichtlich der Bodenart, auf welcher sie vorzüglich gedeihen — die meisten schon in der vorigen Erklärung über das Verhalten der Auffaatgründüngungspflanzen bemerkt worden, und die übrigen wachsen auf jedem Boden.

30.

Außer diesen einjährigen Pflanzen-Formen der Brachgründung nahm ich auch viele der schnellwüchsigsten aus der Aufsaatgründüngung in die Gemenge der Brache auf. Dies kann aber nicht umgekehrt der Fall seyn, weil die Brachpflanzen sämmtlich im ersten Jahre aufschießen und das Stroh der Winterung oder Sommerung futtrig machen würden; und mithin ein Beweis für die natur- und wirthschaftsgerechte Maaßregel ist: die saamenreichsten Staudengewächse in den Außenlinien der Gebüsche zu kultiviren; denn indem ich von den Gesämen der Aufsaatgründüngung an die der Brache abgab, wurden jene weniger, und so wurde ich zur Cultur der saamenreichsten perennirenden Stauden in den Gebüschen genöthigt.

Indem man sich aber auf diese Weise für die grüne Düngung der Brache möglichst viele wählbare Pflanzen zur Hand stellt, wird die Brache selbst bald aufgehoben, nämlich ihrer größern Bodenkraft wegen mit Feldfrüchten bestellt. Dann werden die Stoppelgründüngen häufiger, und zu diesen können dann die meisten einjährigen überwinterungsfähigen Brachpflanzen genommen werden, da die Stoppelgemenge gleich im nächsten Frühjahre zur Sommerung eingepflügt werden, wozu das frühe Aufschießen der ein= und zweijährigen Pflanzen eben sehr nützlich ist.

So leicht es mir aber damals fiel, mittelst der Gartenkultur überhaupt, d. i. durch die geeigneten Pflanzenarten des Küchengartens, des Blumengartens und der Partieen der Park= und Waldanlagen, bald diese, bald jene aller vorbenannten Pflanzenformen der grünen Düngung zur Hand zu stellen, so sind indessen die Schätze der Gärten noch weit größer geworden, daher jeder geschickte Landwirth sich für seine Lokalität auf den vorbeschriebenen Wegen leicht wird das Dienliche verschaffen können.

Uebersicht
der
von mir geleisteten Gütereinrichtungen vom Jahre 1808 bis 1833.

In Ungarn.

Bei Pesth: für das Gut To-Almas verschiedene Park- und Gartenanlagen und die gruppirte Bepflanzung einiger Sandschollen.

Bei Ofen: für das Gut Martonyvasar Park- und Waldanlagen.

Bei Arad: für das Gut Soborschin Parkanlagen.

Bei Groß-Betschkerek im Bannate, an der Bega: für das Gut Etschka verschiedene Park- und Waldanlagen.

Bei Tyrnau in Oberungarn: für das Gut Korompa den Park und die Administration von 4 Vorwerken.

Bei Groß-Betschkerek im Bannate: für das Gut Itebe, 3 Vorwerke, nebst Park- und Waldanlagen.

Bei Pesth: das Stadtwäldchen, als den Volksgarten der beiden Städte Ofen und Pesth.

Im Großherzogthum Posen.

Bei der Stadt Kozmin: für das Gut Kozmin 4 Vorwerksskizzen und eine Parkskizze.

Im Königreich Polen.

Bei Kalisch: für das Gut Sczypiorno Einrichtungs- und Uebergangsplan.

Bei Konin: für das Gut Papritsch 2 Vorwerks-skizzen.

Bei Kalisch: für das Gut Opatowek 4 Vorwerke; für das Gut Brzeziny 6 Vorwerke; für das Gut Rypinek 4 Vorwerke.

Bei Warschau: für das Gut Wlochy Skizze (linkes Weichselufer); für das Gut Tarchomin 3 Vorwerke (rechtes Weichselufer); für das Gut Radzymin 4 Vorwerksskizzen (bei dem Städtchen Radzymin).

In der Provinz Preußen.

Bei Preußisch Holland: für das Amt Preußisch Holland 1 Vorwerksplan und 2 Vorwerksskizzen; für das Gut Powunden, dessen Höhboden und dessen Marschboden Skizze; für das Gut Wiese eine kurze allgemeine Skizze.

Bei Preußisch Stargard: für das Gut Spengawsken 6 Vorwerke.

Bei Dirschau: für das Gut Klein-Schlanz 2 Vorwerke.

Bei Danzig: für das Gut Brunshof.

Bei Preußisch Eilau: für das Gut Zohlen.

Bei Darkehmen: für das Gut Paulsdorf und für das Gut Beinuhnen.

Bei Danzig: unweit Neustadt 1 Vorwerksskizze; für das Gut Tuckau das Vorwerk Mehlke, Einrichtungs- und Uebergangsplan; und für das Vorwerk Exau Skizze.

Bei Marienwerder: für das Gut Friedrichsburg.

Bei Wehlau: für das Gut Rippkeim 3 Vorwerks-Skizzen.

Bei Drengfurt: für das Gut Reesau 2 Vorwerke.

Bei Danzig: für das Gut Senslau 2 Vorwerke.

Bei Saalfeld: für das Gut Bauditten das Vorwerk Rippertswalde.

In Baiern.

Bei München: für das Gut Utzschneider-Waldhaus.

Bei Ingolstadt: für das Amt Pörnbach das Gut Engelsmannsberg, das Gut Maushof, Pörnbach selbst nur als Skizze.

In der Neumark.

Bei Frankfurt an der Oder: für das Gut Markendorf.

In Schlesien.

Bei Breslau: für das Gut Krzyzanovicz, sammt Gartenskizze.

In Preußen.

Bei Marienwerder: für das Gut Münsterwalde das Organisationsziel des Höhbodens.

Im Großherzogthum Posen.

Bei Pinne: für das Gut Turowo 1 Vorwerk, Einrichtungs- und Uebergangsplan; 1 Vorwerk, Skizze.

Für das Gut Bielakoscz: das Organisationsziel dieses Gutes für sechs nach einander einzutretende größere und kleinere Vorwerke.

Ich habe allen diesen Arbeiten mit der größten Liebe gelebt, viele lokale Vortheile gestiftet, eine Menge nützlicher Kenntnisse und neuer Ansichten verbreitet und bis jetzt nichts als Haß und Verfolgung davon getragen.

Dies würde nicht der Fall seyn können, sondern das verdiente Gegentheil mir zu Theil werden, wäre die Neigung für die Bewilligung des Ausführungsantheils an das Wirthschaftspersonal und für die Errichtung provinzieller Landbauschulen schon da.

Meine Pflicht und mein Beruf war es, für diese Gegenstände zu überzeugen. Möge es durch diese Schrift gelingen.

Tafel I.

Haupt-Ueberblick

von der

nisation der Landgüter auf stetige Mehrung der reinen Einkünfte ihres Bodens.

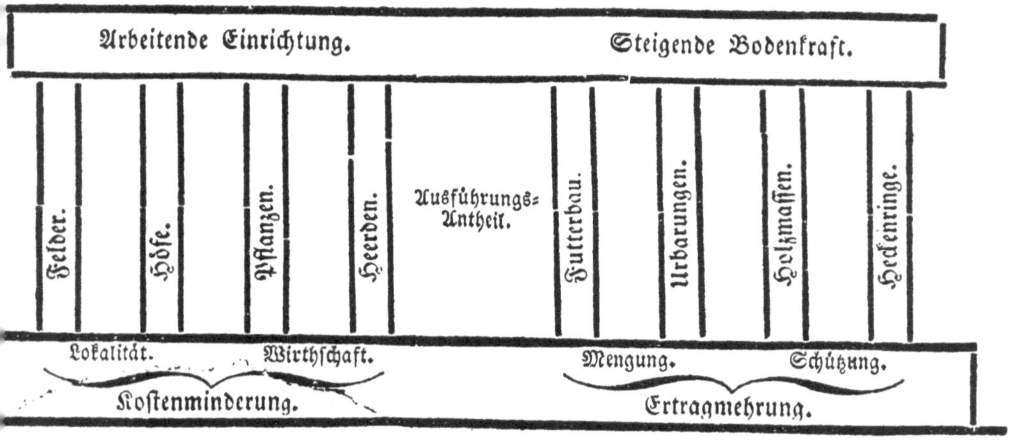

Tafel II.

Weitere Uebersicht
der
Einrichtungskunst stetig steigender Rente.

	Hauptgrundlagen.	Die Einrichtungen.	Die stetig steigernden Kräfte.
Wirthschaft und Lokalität.	Felder.	Zusammenlegung und Abrundung der Felder zur Kreisfläche. Kreisförmige Feldereintheilung. Vielfeldrigkeit. Wechseltriften.	Abbau auf immer kleinerer Kreisfläche.
	Höfe.	Wirthschaftshöfe und Gebäude. Leuthöfe und Gärten. Herrenhöfe und Gärten.	Häuslichkeits = Verbesserung der Wirthschaftsbeamten und Leute.
	Fruchtwechsel.	Gründüngungsgemenge. Wechselnder Futter= und Weidebau. Schützung durch Holz und Obst.	Luftnahrungsverhältniß der Wirthschaft.
	Viehzucht.	Hordenweiden. Hordenschläge.	Eingeringtes thierisches Wechselathmen zu Boden und Pflanze.
Schützung und Mengung.	Futterbau.	Wechselwiesen und Weiden. Grüngedüngte Feldfrüchte. Handelsgewächse aus Ueberkraft.	Vielstoffige Thier= und Pflanzendüngung.
	Urbarungen.	Rodungen und Lüftungen der Unterlage. Entwässerungen und Bewässerungen. Erdige Aufmengungen.	Thierveredelndes Erdgemenge (Mengziel).
	Holzmassen.	Wälder. Gehege. Horste.	Erzeugung feuchter Wärme.
	Heckenringe.	Baummäntel. Feldhölzer. Gränzgürtungen. Trifthecken. Gruppirte Straßenpflanzung. Obstbeete.	Erhaltung feuchter Wärme.

Ueb

von den anwendbarsten

Aussaat

Schematisch angetragen auf 100 halbe geogr. Feldm. à 200 □Ruthe

		Körner in $\frac{1}{1000}$ Pfd. Mittelgew.	Anzahl der Pfunde.
1. Kräuterarten.			
Färberwaid, Isatis tinctoria	♂	50	20
Weberdistel, Dipsacus Fullonum . .	♂	100	20
Winter-Sonnenblumen, Helianthus .	♃	100	20
Rapps, Brassica oler. lacin. . . .	♂	125	20
Winterrübsen, Brassica Napus . . .	♂	150	20
*Kälberkropf, Chaerophyllium sylvestre	♂	150	20
*Bärenklau, Heracleum Sphondylium	♂	150	20
*Pastinak, Pastinaca sativa	♂	150	20
*Gelb-Honigklee, Melilotus officinalis	♂	150	20
*Weiß-Honigklee, Melilotus vulgaris .	♂	200	20
Rothklee, Trifolium pratense . . .	♂	200	20
Winter-Rittersporn, Delphinium diverse	♃	250	20
Winter-Leinarten, Linum, Lychnis etc.	♃	250	20
*Möhren, Pimpinellen, Daucus ♂, Pim-		300	20
pinella	♃	300	20
Bibernellen, Sanguisorba, Poterium .	♃	300	20
Wiesenrauten, Thalictrum, im Durchschn.	♃	350	20
*Labkraut, Galium	♃	400	20
*Ampferarten, Rumex	♃	400	20
*Pippau, Crepis biennis	♂	500	20
Weißklee, Trifolium repens	♃	600	20
Löwenmaularten, Antirrhinum, i. Durchschn.	♂	600	20
*Königskerzen, Verbascum	♂	700	20
Katzenmünzen, Nepeta	♃	700	20
*Schierlingsarten, Conium, Aethusa .	♂	750	20
Hartheu-Arten, Hypericum	♂	800	20
*Winterhederiche, Erysimum	♂	800	20
Winterkressen, Alyssum	♂	900	20
*Winterrauken, Sisymbrium	♂	1000	20
*Rainfarn, Tanacetum vulgare . .	♃	1000	20
*Weinblume, Oenothera biennis . .	♂	1500	20
Silenenarten, Silena, Gysophila . .	♃	2000	20
*Wermutharten, Artemisia, im Durchschn.	♃	4000	20
Davurscher Weiderich, Epilobium davu-			
ricum	♂	8000	20

Zusammen 680 Pfd. = 57

A. Tafel III.

suchten Pflanzenarten

ungung.

uthe = 10,000 Dec.-□Zoll = Summa 200 Mill. Dec.-□Zoll.

		Körner in $\frac{1}{1000}$ Pfd. Mittelgew.	Anzahl der Pfunde.	Million der Körner.
2. Gräserarten.				
pe, Bromus commutatus . .	♂	100	20	2
respe, Bromus secalinus . .	♂	100	20	2
pe, Bromus arvensis . . .	♂	150	20	3
pe, Bromus giganteus . . .	♃	200	20	4
, Holcus avenaceus . . .	♃	200	20	4
hwingel, Festuca pratensis .	♃	200	20	4
ngel, Festuca elatior . . .	♃	250	20	5
ras, Melica altissima . . .	♃	300	20	6
gras, Melica coerulea . . .	♃	300	20	6
, Lolium perenne	♃	300	20	6
as, Dactylis glomerata . .	♃	400	20	8
, Phalaris arundinacea . .	♃	500	20	10
hwingel, Festuca ovina . .	♃	600	20	12
s (Timotheigras), Phleum pra-				
. . . .	♃	800	20	16
arten, Poa. Siehe Uebersicht C.	♃	1000	20	20
s, Holcus lanatus	♃	1500	20	30
miele, Aira cespitosa	♃	2000	20	40
niele, Aira canescens	♃	3000	20	60
rasarten, Agrostis. S. Ueber-				
C.	♃	4000	20	80
ele, Aira arundinacea . . .	♃	6000	20	120

Zusammen 400 Pfd. = 438 Mill.

zu den Betrag der Kräuterarten . 680 " = 578 "

Summa . 1080 Pfd. = 1016 Mill.

Es entfällt daher im Durchschnitt:

halbe geogr. Feldmaaß, à 200 □Ruthen, 1080 Pfd.; mit-
auf 200 □Ruthen = circa . . . . . 10⅘ Pfund;
Mill. Dec.-□Zoll bei 1016 Mill. Körner, mithin auf 1 De-
-□Zoll = circa . . . . 5 Körner.

Ue

von den anwendbarsten

Brach-

Schematisch angetragen auf 100 halbe geogr. Feldmaaß à 20
200

		Körner in $\frac{1}{1000}$ Pfd. Mittelgew.	Anzahl der Pfunde.
1. Kräuterarten.			
Lupinen, Lupinus, im Durchschnitt .	⊙	1	30
Erbsen, kleinste, Pisum	⊙	5	30
Wicken, Vicia sativa	⊙	10	30
Buchwaizen, Polygonum fagopyrum	⊙	15	30
Runkeln, Beta	⊙	40	30
Hanf, Cannabis	⊙	50	30
*Stechapfel, Datura	⊙	60	30
Malven, Alcea, Lavatera	♂	80	30
Spinat, Spinacia	⊙	100	30
Senfarten, Sinapis, Raphan etc. .	⊙	100	30
Kornblumen, Centaurea, Agrostemma	⊙	125	30
*Melden, Atriplex	⊙	150	30
Schwarzkümmel, Nigella	⊙	200	30
*Leindotter, Myagrum sativum . .	⊙	250	30
Gartenkresse, Lepidium sativum . .	⊙	300	30
Dill u. Körbel, Anethum grav., Scandix	⊙	400	30
*Spörgel, Spergula arvensis . . .	⊙	500	30
*Rainkohl, Lapsana commune . .	⊙	600	30
*Saukohl, Sonchus oleraceus . .	⊙	700	30
*Kamillen, Anthemis, Matricaria .	⊙	800	30
*Mohnarten, Papaver	⊙	900	30
*Hasenklee, Trifolium arvense . .	⊙	1000	30
Amaranthen, Amaranthus	⊙	1000	30
*Gänsfuß, Chenopodium	⊙	1500	30
Elsholzie, Elsholzia cristata . . .	⊙	1500	30
*Sommerhederiche, Erysimum . . .	⊙	2000	30
*Sommerrauken, Sisymbrium . . .	⊙	3000	30
Sandkressen, Arabis, Turritis . . .	⊙	4000	30
Besen-Wermuth, Artemisia Scoparium	⊙	5000	30

Zusammen 870 Pfd. =

B. Tafel IV.

:suchten Pflanzenarten

ngung.

aisch und 1 □Ruthe = 10,000 Decimal-□Zoll = Summa
oll.

		Körner in $\frac{1}{1000}$ Pfd. Mittelgew.	Anzahl der Pfunde.	Million der Körner.
2. Gräserarten.				
ittlerer, Zea mais	⊙	2	20	0,040
.vena sativa	⊙	25	20	0,500
anicum miliaceum . . .	⊙	125	20	2,500
spe, Bromus arvensis . .	♂	150	20	3
fench, Panicum viridis . .	⊙	250	20	5
nch, Panicum sanguinale .	⊙	500	20	10
sarten, Poa, s. Uebersicht C.	♃	1000	20	20
as, Holcus lanatus . . .	♃	1500	20	30
grasarten, Aira, s. Uebersicht A.	♃	2000	20	40
lm, Agrostis Spica venti .	⊙	3000	20	60
Zusammen			200 Pfd.	= 180 Mill.
ezu den Betrag der Kräuterarten .			870 „	= 740 „
Summa .			1070 Pfd.	= 920 Mill.

Es entfällt daher im Durchschnitt:

halbe geogr. Feldmaaß à 200 □Ruthen bei 1070 Pfund;
in auf 200 □Ruthen = circa . . . . . . 11 Pfund;
Mill. Decimal-□Zoll bei 920 Mill. Körner, mithin auf
Decimal-□Zoll = circa . . . . $4\frac{1}{3}$ Körner.

U…

der anwendbars…

Futter- …

Schematisch angetragen auf 100 halbe geogr. Feldm. à 200 □Rut…

	Körner in 1/1000 Pfd. Mittelgew.	Anzahl der Pfunde.
1. Mähgräser.		
Hafergras, Holcus avenaceus	150	30
*Wiesenschwingel, Festuca pratensis .	200	30
Hochschwingel, Festuca elatior . . .	250	30
Hochperlgras, Melica altissima . . .	300	30
*Blauperlgras, Melica coerulea . . .	300	30
Wiesenfuchsschwanz, Alopecurus pratensis	350	30
*Knaulgras, Dactylis glomerata . . .	400	30
Glanzgras, Phalaris arundinacea . .	500	30
*Lieschgras, Phleum pratense . . .	800	30
*Fußgrasarten, Poa trivialis, pratensis	1000	30
angustifolia . . .	1500	30
fertilis	1500	30
nemoralis . . .	1500	30
*Wollgras, Holcus lanatus	1500	30
*Rohrschmiele, Aira arundinacea . . .	6000	30
	Zusammen	450 Pfd. = …

2. Weidegräser.

Die obigen Mähgräser dienen auch als Weidegräser, allein … Verdichtung als Weide müssen sie mit kleineren Gras… setzt werden, und unter diesen sind folgende die besseren …

Bergtrespe, Bromus erectus	100	30
Waizgras, Triticum caninum . . .	100	30
*Raugras, Lolium perenne	300	30
*Weideschwingelarten, Festuca duriuscula	400	30
— rubra .	500	30
— ovina .	600	30
Weichhafer, Avena pubescens . . .	600	30
*Wiesenhafer, — pratensis	600	30
*Kammgras, Cynosurus cristatus . . .	700	30
*Ruchgras, Anthoxanthum odoratum .	800	30
*Zittergras, Briza media	900	30
Goldhafer, Avena flavescens	1000	30
*Kammschmiele, Aira cristata	2000	30
*Fioringras, Agrostis vulgaris . . .	3000	30
*Straußgras, Agr. vulg. mutica . .	4000	30
	Zusammen	450 Pfd. = 4…

C. **Tafel V.**

ortheilhaftesten

pflanzen.

Ruthe = 10,000 Dec.-□Zoll = Summa 200 Mill. Dec.-□Zoll.

	Körner in $\frac{1}{1000}$ Pfd. Mittelgew.	Anzahl der Pfunde.	Million der Körner
3. Weidekräuter.			
rbsen, Lathyris pratensis et Lo-s major	20	10	0,200
tten, Hedysarum onobr., arenarium	30	10	0,300
rten, Vicia sepium, dumetorum, lvatica	50	10	0,500
arten, Trifolium pratense, medium, repens	200	10	2
estre, rubens, montanum, ochro-lascum	200	10	2
bridum, Lupinarten	200	10	2
rten, Medicago sativa, media, fal-ta	200	10	2
llen, Poterium Sanguisorba et San-isorba officinalis	300	10	3
ellen, Pimpinella magna et saxi-ga	300	10	3
garbe, Achillea millefolium . .	1000	10	10
Zusammen	100 Pfd.	=	250 Mill.
An Weidegräsern .	450 „	=	468 „
an Mähgräsern . .	450 „	=	487 „
Summa .	1000 Pfd.	=	1205 Mill.

Es entfällt daher im Durchschnitt:

) halbe geogr. Feldm. à 200 □Ruthen bei 1000 Pfd., mit-
auf 200 □Ruthen . . . . 10 Pfund;
) Mill. Decimal-□Zoll bei 1205 Mill. Körner, mithin auf
Decimal-□Zoll . . . . 6 Körner.

rkung. Die obige Dichtigkeit betrifft, nach den Grundsätzen Einrichtungskunst (vergl. §. 10. der 2ten Abhandlung dieser chrift), nur den 2—3jährigen Futter- und Weidebau; und für 6jährigen Wechselwiesen bedarf es auf 200□Ruthen 20 Pfd., i. auf 1 Dec.-□Zoll 10 Körner, für die 6jährigen Wechsel-iden (incl. Nachsaat) 40 Pfund, d. i. auf 1 Dec.-□Zoll 20 rner.

Von der Provinzial-Landbauschule.

Jahre.	Reinertrag.	Ausführungsantheil.	Wiederanlage.	Bodenrente.
Im 1sten				
= 2ten	$\frac{5}{8}$	$\frac{1}{8}$	$\frac{1}{4}$	
= 3ten	$1\frac{1}{2}$	$\frac{3}{10}$	$\frac{3}{5}$	
= 4ten	3	$\frac{3}{5}$	$1\frac{1}{5}$	[illegible]
= 5ten	$4\frac{1}{2}$	$\frac{9}{10}$	$1\frac{4}{5}$	[illegible]
	9	$1\frac{9}{10}$	$3\frac{4}{5}$	$3\frac{4}{5}$
= 6ten	6	$1\frac{1}{5}$	$2\frac{2}{5}$	[illegible]
= 7ten	$7\frac{1}{2}$	$1\frac{1}{2}$	3	[illegible]
= 8ten	9	$1\frac{4}{5}$	$3\frac{3}{5}$	[illegible]
= 9ten	$10\frac{1}{2}$	$2\frac{1}{10}$	$4\frac{1}{5}$	[illegible]
= 10ten	12	$2\frac{2}{5}$	$4\frac{4}{5}$	[illegible]
	45	9	18	18
= 11ten	14	$2\frac{4}{5}$	$5\frac{3}{5}$	[illegible]
= 12ten	16	$3\frac{1}{5}$	$6\frac{2}{5}$	[illegible]
= 13ten	19	$3\frac{4}{5}$	$7\frac{3}{5}$	[illegible]
= 14ten	22	$4\frac{2}{5}$	$9\frac{4}{5}$	[illegible]
= 15ten	26	$5\frac{1}{5}$	$10\frac{2}{5}$	[illegible]
	97	$19\frac{2}{5}$	$38\frac{4}{5}$	$38\frac{4}{5}$
= 16ten	31	$6\frac{1}{5}$	$12\frac{2}{5}$	[illegible]
= 17ten	37	$7\frac{2}{5}$	$14\frac{4}{5}$	[illegible]
= 18ten	44	$8\frac{4}{5}$	$17\frac{3}{5}$	[illegible]
= 19ten	52	$10\frac{2}{5}$	$20\frac{4}{5}$	[illegible]
= 20sten	60	12	24	[illegible]
	224	$44\frac{4}{5}$	$88\frac{3}{5}$	$88\frac{3}{5}$
= 21sten	70	14	28	[illegible]
= 22sten	80	16	32	[illegible]
= 23sten	90	18	36	[illegible]
= 24sten	100	20	40	[illegible]
= 25sten	110	22	44	[illegible]
	450	90	180	180
Zusammen	825	165	330	330

Uebe

d

Reinertragmehrung

An Bodenrente über den

In Thalern Preußisch auf 1 geogr.

No. 3.	No. 4.	No. 5.	No. 6.	No. 7.	No. 8.
f $\frac{1}{4}$ $\frac{3}{5}$	$\frac{1}{4}$				
$1\frac{1}{5}$ $1\frac{4}{5}$ $2\frac{2}{5}$ 3 $3\frac{2}{5}$	$\frac{3}{5}$ $1\frac{1}{5}$ $1\frac{4}{5}$ $2\frac{2}{5}$ 3	$\frac{1}{4}$ $\frac{3}{5}$ $1\frac{1}{5}$ $1\frac{4}{5}$ $2\frac{4}{5}$	$\frac{1}{4}$ $\frac{3}{5}$ $1\frac{1}{5}$ $1\frac{4}{5}$	$\frac{1}{4}$ $\frac{3}{5}$ $1\frac{1}{5}$	$\frac{1}{4}$ $\frac{3}{5}$
$4\frac{1}{5}$ $4\frac{4}{5}$ 5[illegible] $6\frac{2}{5}$ 7[illegible]	$3\frac{2}{5}$ $4\frac{1}{5}$ $4\frac{4}{5}$ $5\frac{3}{5}$ $6\frac{2}{5}$	3 $3\frac{2}{5}$ $4\frac{1}{5}$ $4\frac{4}{5}$ $5\frac{3}{5}$	$2\frac{4}{5}$ 3 $3\frac{2}{5}$ $4\frac{1}{5}$ 4[illegible]	$1\frac{4}{5}$ $2\frac{4}{5}$ 3 $3\frac{2}{5}$ $4\frac{1}{5}$	$1\frac{1}{5}$ $1\frac{4}{5}$ $2\frac{4}{5}$ 3 $3\frac{2}{5}$
g					
$9\frac{4}{5}$ 10[illegible] $12\frac{2}{5}$ $14\frac{4}{5}$ $17\frac{3}{5}$	$7\frac{3}{5}$ $9\frac{4}{5}$ $10\frac{3}{5}$ $12\frac{2}{5}$ $14\frac{4}{5}$	$6\frac{2}{5}$ $7\frac{3}{5}$ $9\frac{4}{5}$ $10\frac{3}{5}$ $12\frac{2}{5}$	$5\frac{3}{5}$ $6\frac{2}{5}$ $7\frac{3}{5}$ $9\frac{4}{5}$ $10\frac{2}{5}$	$4\frac{4}{5}$ $5\frac{3}{5}$ $6\frac{2}{5}$ $7\frac{3}{5}$ $9\frac{4}{5}$	$4\frac{1}{5}$ $4\frac{4}{5}$ $5\frac{3}{5}$ $6\frac{2}{5}$ $7\frac{3}{5}$
$106\frac{1}{5}$	$88\frac{3}{5}$	$73\frac{4}{5}$	$61\frac{2}{5}$	51	$41\frac{1}{5}$

r s i ch t

er

der ersten 25 Jahre.

Von ihren 20 Filialen.

Status quo vor der Bewilligung des Ausführungsa

Feldmaaß à 400 □Ruthen Rheinisch.

No. 9.	No. 10.	No. 11.	No. 12.	No. 13.	No. 14.	No
1/5						
3/5 1 1/5 1 4/5 2 4/5 3	1/4 3/5 1 1/5 1 4/5 2 4/5	1/4 3/5 1 1/5 1 4/5	1/4 3/5 1 1/5	1/4 3/5	1/4	
						c
3 2/5 4 1/5 4 1/5 5 3/5 6 2/5	3 3 2/5 4 1/5 4 4/5 5 3/5	2 4/5 3 3 2/5 4 1/5 4 4/5	1 4/5 2 4/5 3 3 2/5 4 4/5	1 1/5 1 4/5 2 4/5 3 3 3/5	3/5 1 1/5 1 4/5 2 4/5 3	1 1 2
33 3/5	27 1/5	21 3/5	16 4/5	12 3/5	9 1/5	6

				Zusammen	
				durch die 20 Filiale.	durch deren Afterfiliale.
					Nämlich vom 10ten bis 25sten Jahre durch
…17.	No. 18.	No. 19.	No. 20.		
					No. 1. 287
				$\frac{1}{4}$	= 2. 226
				$\frac{4}{5}$	= 3. 175
				2	= 4. 134
				$3\frac{4}{5}$	= 5. 100
				$6\frac{4}{5}$	
				$6\frac{1}{5}$	= 6. 72
				$9\frac{1}{5}$	= 7. 50
				$12\frac{3}{5}$	= 8. 33
				$16\frac{4}{5}$	= 9. 21
				$21\frac{3}{5}$	= 10. 12
				$66\frac{2}{5}$	
				$27\frac{1}{5}$	= 11. 6
				$33\frac{3}{5}$	= 12. 3
				$41\frac{1}{5}$	= 13. 1
				51	= 14. $\frac{1}{4}$
				$61\frac{2}{5}$	= 15. —
				$214\frac{2}{5}$	1120
				$73\frac{4}{5}$	
				$88\frac{3}{5}$	
				$106\frac{1}{5}$	
	$\frac{1}{4}$			127	
	$\frac{3}{5}$	$\frac{1}{4}$		151	
				$546\frac{3}{5}$	
	$\frac{4}{5}$	$\frac{1}{4}$		834	

Von der Provinzial-Landbauschule.

Jahre.	Reinertrag.	Ausführungsantheil.	Wiederanlage.	Bodenrente.
Transport	825	165	330	330
Im 26sten	120	24	48	4
„ 27sten	130	26	52	5
„ 28sten	140	28	55	5
„ 29sten	150	30	58	6
„ 30sten	160	32	61	6
	700	140	274	286
„ 31sten	170	34	63	7
„ 32sten	180	36	65	7
„ 33sten	190	38	67	8
„ 34sten	200	40	69	9
„ 35sten	210	42	71	9
	950	190	335	425
„ 36sten	220	44	72	10
„ 37sten	230	46	73	11
„ 38sten	240	48	74	11
„ 39sten	250	50	75	12
„ 40sten		52	76	13
	1200	240	370	590
„ 41sten	270	54	77	13
„ 42sten	280	56	78	14
„ 43sten	290	58	79	15
„ 44sten	300	60	80	16
„ 45sten	310	62	80	16
	1450	290	394	766
„ 46sten	320	64	80	17
„ 47sten	330	66	80	18
„ 48sten	340	68	80	19
„ 49sten	350	70	80	20
„ 50sten	360	72	80	20
	1700	340	400	960
Zusammen	6835	1365	2103	3357

Uebe

de

Reinertragmehrung de

An Bodenrente über den S

In Thalern Preußisch auf 1 geogr. F

$106\frac{1}{5}$	$88\frac{3}{5}$	$73\frac{4}{5}$	$61\frac{2}{5}$	51	$41\frac{1}{5}$
$20\frac{4}{5}$	$17\frac{3}{5}$	$14\frac{4}{5}$	$12\frac{2}{5}$	$10\frac{2}{5}$	$9\frac{4}{5}$
24	$20\frac{4}{5}$	$17\frac{3}{5}$	$14\frac{4}{5}$	$12\frac{2}{5}$	$10\frac{2}{5}$
28	24	$20\frac{4}{5}$	$17\frac{3}{5}$	$14\frac{4}{5}$	$12\frac{2}{5}$
32	28	24	$20\frac{4}{5}$	$17\frac{3}{5}$	$14\frac{4}{5}$
36	32	28	24	$20\frac{4}{5}$	$17\frac{3}{5}$
141	122	105	89	75	65
40	36	32	28	24	$20\frac{4}{5}$
44	40	36	32	28	24
48	44	40	36	32	28
52	48	44	40	36	32
57	52	48	44	40	36
241	220	200	180	160	141
62	57	52	48	44	40
67	62	57	52	48	44
73	67	62	57	52	48
79	73	67	62	57	52
85	79	73	67	62	57
366	338	311	286	263	241
91	85	79	73	67	62
97	91	85	79	73	67
104	97	91	85	79	73
111	104	97	91	85	79
118	111	104	97	91	85
521	488	456	425	395	366
125	118	111	104	97	91
132	125	118	111	104	97
139	132	125	118	111	104
146	139	132	125	118	111
153	146	139	132	125	118
695	660	625	590	555	521
2070	1916	1771	1631	1499	1374

r ſ i ch t

er

er zweiten 25 Jahre.

Von ihren 20 Filialen.

Status quo vor der Bewilligung des Ausführungsanthe

eldmaaß à 400 □Ruthen Rheiniſch.

$33\frac{2}{5}$	$27\frac{1}{5}$	$21\frac{3}{5}$	$16\frac{4}{5}$	$12\frac{3}{5}$	$9\frac{1}{5}$	6
$7\frac{3}{5}$	$6\frac{2}{5}$	$5\frac{3}{5}$	$4\frac{4}{5}$	$4\frac{1}{5}$	$3\frac{3}{5}$	3
$9\frac{4}{5}$	$7\frac{3}{5}$	$6\frac{2}{5}$	$5\frac{3}{5}$	$4\frac{4}{5}$	$4\frac{1}{5}$	3
$10\frac{2}{5}$	$9\frac{4}{5}$	$7\frac{3}{5}$	$6\frac{2}{5}$	$5\frac{3}{5}$	$4\frac{4}{5}$	4
$12\frac{2}{5}$	$10\frac{2}{5}$	$9\frac{4}{5}$	$7\frac{3}{5}$	$6\frac{2}{5}$	$5\frac{3}{5}$	4
$14\frac{4}{5}$	$12\frac{2}{5}$	$10\frac{2}{5}$	$9\frac{4}{5}$	$7\frac{3}{5}$	$6\frac{2}{5}$	5
55	46	40	34	29	25	21
$17\frac{3}{5}$	$14\frac{4}{5}$	$12\frac{2}{5}$	$10\frac{2}{5}$	$9\frac{4}{5}$	$7\frac{3}{5}$	6
$20\frac{4}{5}$	$17\frac{3}{5}$	$14\frac{4}{5}$	$12\frac{2}{5}$	$10\frac{2}{5}$	$9\frac{4}{5}$	7
24	$20\frac{4}{5}$	$17\frac{3}{5}$	$14\frac{4}{5}$	$12\frac{2}{5}$	$10\frac{2}{5}$	9
28	24	$20\frac{4}{5}$	$17\frac{3}{5}$	$14\frac{4}{5}$	$12\frac{2}{5}$	10
32	28	24	$20\frac{4}{5}$	$17\frac{3}{5}$	$14\frac{4}{5}$	12
122	105	89	75	65	55	46
36	32	28	24	$20\frac{4}{5}$	$17\frac{3}{5}$	14
40	36	32	28	24	$20\frac{4}{5}$	17
44	40	36	32	28	24	20
48	44	40	36	32	28	24
52	48	44	40	36	32	28
220	200	180	160	141	122	105
57	52	48	44	40	36	32
62	57	52	48	44	40	36
67	62	57	52	48	44	40
73	67	62	57	52	48	44
79	73	67	62	57	52	48
338	311	286	263	241	220	200
85	79	73	67	62	57	52
91	85	79	73	67	62	57
97	91	85	79	73	67	62
104	97	91	85	79	73	67
111	104	97	91	85	79	73
488	456	425	395	366	338	311
1256	1145	1041	944	853	768	689

				Zusammen durch die 20 Filiale.	
	$\frac{4}{5}$	$\frac{1}{4}$		Transport	834
$\frac{4}{5}$	$1\frac{1}{5}$	$\frac{3}{5}$	$\frac{1}{4}$	179	
$\frac{4}{5}$	$1\frac{4}{5}$	$1\frac{1}{5}$	$\frac{3}{5}$	211	
	$2\frac{4}{5}$	$1\frac{4}{5}$	$1\frac{1}{5}$	246	
$\frac{2}{5}$	3	$2\frac{4}{5}$	$1\frac{4}{5}$	285	
$\frac{1}{5}$	$3\frac{2}{5}$	3	$2\frac{4}{5}$	327	
	12	9	7		1248
$\frac{4}{5}$	$4\frac{1}{5}$	$3\frac{2}{5}$	3	372	
$\frac{3}{5}$	$4\frac{4}{5}$	$4\frac{1}{5}$	$3\frac{2}{5}$	421	
$\frac{2}{5}$	$5\frac{3}{5}$	$4\frac{4}{5}$	$4\frac{1}{5}$	475	
$\frac{3}{5}$	$6\frac{2}{5}$	$5\frac{3}{5}$	$4\frac{4}{5}$	533	
$\frac{4}{5}$	$7\frac{3}{5}$	$6\frac{2}{5}$	$5\frac{3}{5}$	595	
	29	25	21		2396
$\frac{2}{5}$	$9\frac{4}{5}$	$7\frac{3}{5}$	$6\frac{2}{5}$	662	
$\frac{2}{5}$	$10\frac{2}{5}$	$9\frac{4}{5}$	$7\frac{3}{5}$	735	
$\frac{4}{5}$	$12\frac{1}{5}$	$10\frac{2}{5}$	$9\frac{4}{5}$	813	
$\frac{3}{5}$	$14\frac{4}{5}$	$12\frac{2}{5}$	$10\frac{2}{5}$	893	
$\frac{4}{5}$	$17\frac{3}{5}$	$14\frac{4}{5}$	$12\frac{2}{5}$	980	
	65	55	46		4083
	$20\frac{4}{5}$	$17\frac{3}{5}$	$14\frac{4}{5}$	1072	
	24	$20\frac{4}{5}$	$17\frac{3}{5}$	1168	
	28	24	$20\frac{4}{5}$	1269	
	32	28	24	1373	
	36	32	28	1481	
	141	122	105		6363
	40	36	32	1592	
	44	40	36	1696	
	48	44	40	1823	
	52	48	44	1943	
	57	52	48	2067	
	241	220	200		9121
	487	430	378	Zusammen	24045

Kolibri 360 GmbH
Ferdinand-Jühlke-Straße 7
99095 Erfurt, Deutschland
produktsicherheit@kolibri360.de